W0467210

DIE TIERE
UNSERER
ERDE

Zuerst erschienen 2018 in Großbritannien bei Weldon Owen,
Teil von Kings Road Publishing Ltd.,
3.08 The Plaza, 535 King's Road, Chelsea, London, SW10 0SZ.

Beratung: Jules Howard
Texte: Jules Howard und Fay Evans
Illustrationen: Kelsey Oseid
Redaktion: Fay Evans
Grafik: Emma Vince
Herausgeberin: Donna Gregory

Copyright © 2018 Weldon Owen
Titel der Originalausgabe: *Creatures of the Order*

Alle Rechte vorbehalten.

Copyright der deutschen Ausgabe:
© 2018 moses. Verlag GmbH
Arnoldstraße 13d, 47906 Kempen
Fon: 02152-209850, Fax: 02152-209860
Mail: info@moses-verlag.de, www.moses-verlag.de

Redaktion: Gerdi Killer, bookwise medienproduktion GmbH, München
Übersetzung aus dem Englischen und Satz: Susanne Schmidt-Wussow
Covergestaltung: Leeloo Molnár, bookwise medienproduktion GmbH, München
Produktmanagement: Anne Rummenie

ISBN: 978-3-89777-986-0

Printed in China

DIE TIERE UNSERER ERDE

ILLUSTRATIONEN VON KELSEY OSEID

moses.

INHALT

DIE TIERE UNSERER ERDE

S. 42
S. 55
S. 74
S. 47
S. 34
S. 50
S. 66
S. 15
S. 31
S. 23
S. 58
S. 62
S. 71
S. 26
S. 18
S. 39

EINLEITUNG

Jedes Tier, das heute lebt, gehört zu einer Ordnung. Darunter versteht man eine Art erweiterte Familie, deren Mitglieder ähnliche körperliche Merkmale aufweisen. Obwohl jede Ordnung ganz unterschiedliche Tiere umfasst, haben diese immer eine große Gemeinsamkeit, und sie sind alle miteinander verwandt. In diesem Buch stellen wir dir einige der schillerndsten Tierordnungen der Welt vor. Du wirst staunen, wie wunderbar sich das Leben selbst organisiert und welche verblüffenden Tricks es dabei auf Lager hat! Außerdem weihen wir dich in die jahrhundertealte Kunst der Taxonomie ein. Mithilfe der Taxonomie werden alle Lebewesen dieser Welt nach einer festgelegten Systematik sortiert. Wenn du dieses Buch gelesen hast, wirst du die Tiere dieser Erde viel besser kennen.

Einsiedlerzaunkönig

Auf den ersten Blick herrscht auf der Erde ein gewaltiges Durcheinander verschiedenster Lebewesen, aber wenn man genauer hinsieht, erkennt man eine Struktur. Die einzelnen Tierarten haben gemeinsame Merkmale – manchmal auch Arten, die du für ganz unterschiedlich gehalten hättest! Auf diese Weise lassen sie sich in Kategorien einordnen. Manche Tiere bringen beispielsweise lebende Junge zur Welt, haben eine Wirbelsäule und einen Bauchnabel: die Säugetiere. Andere haben Federn und Flügel und legen Eier mit Schale: die Vögel. Wieder andere schwimmen und ziehen Kaulquappen groß: die Amphibien. Und eine weitere Gruppe hat acht Beine: die Spinnentiere. Wir teilen die Tierarten grob nach diesen Merkmalen ein, doch innerhalb dieser Gruppen gibt es noch viel mehr zu ordnen.

Amerikanischer Flussbarsch

Nehmen wir die Säugetiere. Zu ihnen gehören zum Beispiel Katzen, Hunde, Wölfe, Affen und Mäuse, die wiederum weiteren Gruppen von Tieren zugeordnet werden können. Die Tiere einer jeden Gruppe pflegen einen ähnlichen Lebensstil – und dieser Lebensstil dient als eine Art roter Faden. Man könnte sagen, der rote Faden bei Ratten und Mäusen ist das Nagen, der bei Affen und Menschenaffen ist das Greifen und Klettern. Bei Wölfen und Tigern ist der rote Faden das Jagen und Fleischfressen. Viele Raubtiere haben ähnlich muskulöse Kiefer, große Fangzähne und scherenartige Backenzähne, die es ihnen ermöglichen, andere Tiere zu töten.

Diese drei Tiergruppen mit ihren ganz typischen Eigenschaften – Nagen, Greifen, Töten – bilden jeweils eine eigenständige Gruppe innerhalb der Säugetiere. Und diese Gruppe nennt man Ordnung. Auch bei den Vögeln, Amphibien und Spinnentieren gibt es Ordnungen. Die Einteilung der Tierarten in verschiedene Ordnungen ist vor allem in der Taxonomie wichtig. So nennt man einen Wissenschaftszweig, der seit Jahrhunderten besteht. Die Taxonomie beschäftigt sich mit der Einteilung der Lebewesen in eine bestimmte Systematik.

Echte Karettschildkröte

Große Königslibelle

Deutsche Wespe

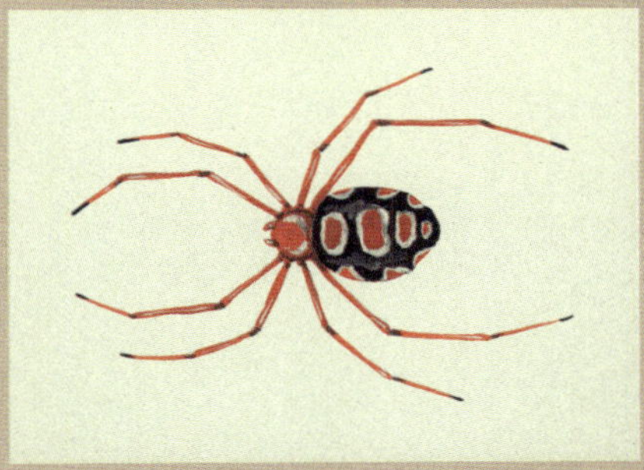

Latrodectus bishopi

Phanaeus demon

Weißhandgibbon

Die Taxonomie hat vor allem einem berühmten Wissenschaftler viel zu verdanken: dem schwedischen Naturforscher Carl von Linné. Er dachte sich 1735 eine geschickte Methode aus, die komplizierte Tierwelt in Gruppierungen einzuteilen, die sich dann in immer kleinere Gruppen ordnen ließen. Diesen Gruppen gab er Namen, die auch heute noch benutzt werden.

Jedes Tier (und jede Pflanze) hat einen eigenen Artnamen. Jede Art gehört zu einer Gattung eng verwandter Lebewesen, die wiederum Teil einer größeren Familie ist. Verwandte Familien bilden eine Ordnung, die ihrerseits Teil einer noch größeren Gruppierung ist: der Klasse. Die Klasse gehört zu einem Stamm und dieser zu einem Reich (siehe Seite 8). Linné schuf eine Systematik, um die biologischen Ähnlichkeiten und Unterschiede zu verstehen, und wies jedem Tier und jeder Pflanze einen Platz in dieser Systematik zu. Seitdem lässt sich das Leben in klar definierte Kategorien einteilen. Heutzutage ist das die Aufgabe kluger Taxonomen, die jedes Jahr Tausende neuer Arten benennen und sie in die richtigen Gruppierungen einordnen.

Die Wissenschaft der Taxonomie hat unsere Sicht auf die Tier- und Pflanzenarten vollkommen verändert. Inzwischen verstehen wir, wie Tiere in diese taxonomischen Ordnungen passen – sie sind Variationen von Tieren, die eine bestimmte Anpassung an ihren Lebensraum entwickelt haben. Singvögel in der Ordnung der Sperlingsvögel sind Variationen von Vögeln. Wespen, Bienen und Ameisen in der Ordnung der Hautflügler sind Variationen von Insekten. Netze bauende Spinnen in der Ordnung der Webspinnen sind Variationen von Spinnentieren. Frösche und Kröten in der Ordnung der Froschlurche sind Variationen von Amphibien. Gerade hier, in den taxonomischen Ordnungen der Tiere, können wir besonders über die Vielfalt der Natur und ihre beeindruckenden Variationsmöglichkeiten staunen.

In diesem Buch findest du Tiere von unglaublicher Farbe, Größe und Ausstrahlung, aber wenn du genauer hinsiehst, erkennst du, dass jedes Tier etwas Wichtiges mit allen anderen Angehörigen seiner Ordnung gemeinsam hat. Jede Abbildung in diesem Buch ist ein einzigartiges Bild des Lebens auf der Erde, so wie jede Art in einer Ordnung an einen etwas anderen Lebensraum oder eine etwas andere Lebensweise angepasst ist.

Dieses Buch stellt dir die unendliche Vielfalt der Tierwelt vor, die nichts weiter ist als lauter erstaunliche und wunderbare Variationen einer Reihe einfacher Themen.

Bist du bereit für einen Ausflug in die unterschiedlichen Ordnungen im Tierreich?

Kaninchenkauz

KLASSIFIKATION DER TIERE

Das Leben auf der Erde lässt sich in Kategorien einteilen, die vor über 200 Jahren vom schwedischen Naturforscher Carl von Linné festgelegt wurden. Linné unterteilte Tausende Typen von Tieren und Pflanzen in kleinere Gruppen und schuf ein Ordnungssystem – die Taxonomie. Sie gründet sich darauf, körperliche Besonderheiten festzustellen und ähnliche Tiere und Pflanzen danach zu gruppieren; außerdem sucht sie anhand von Fossilien und DNA nach gemeinsamen Vorfahren. Wenn eine neue Art entdeckt wird, sehen sich die Wissenschaftler ihre Merkmale sehr genau an, um zu entscheiden, wo diese Art im großen Stammbaum des Lebens untergebracht werden kann.

DOMÄNE

Alle Lebewesen auf dieser Welt werden je nach der Art der DNA in ihren Zellen einer von drei Domänen zugewiesen. Diese drei Domänen sind die Archaeen (oder Urbakterien), die Bakterien und die Eukaryoten. Alle vielzelligen Organismen, deren Zellen einen Zellkern haben, sind Eukaryoten. Zu ihnen gehören sämtliche Tiere, Pflanzen und Pilze.

REICH

Sieht man sich die Zelltypen genauer an, aus denen die Organismen innerhalb der Domäne der Eukaryoten bestehen, lassen sich die Lebewesen weiter in Reiche aufteilen. Tiere, Pflanzen und Pilze sind solche Reiche.

STAMM

Alle Mitglieder eines Stamms haben dieselben Grundmerkmale, die häufig mit ihrem Körperbau zu tun haben. Im Stamm der Gliederfüßer etwa sind alle Tiere vereint, die Gelenke in den Beinen und ein Außenskelett haben.

KLASSE

Jeder Stamm lässt sich nach Körpermerkmalen in kleinere Gruppen – die sogenannten Klassen – einteilen. Klassen von Wirbeltieren (Tiere mit einer Wirbelsäule) sind zum Beispiel Säugetiere, Vögel, Reptilien, Amphibien und Fische.

ORDNUNG

Die Klassen lassen sich weiter in Ordnungen unterteilen. Ordnungen bestehen aus Tieren mit ähnlichen wesentlichen Merkmalen. Die Nagetiere zum Beispiel sind eine Ordnung von Säugetieren mit verlängerten Schneidezähnen, die ihr Leben lang weiterwachsen.

FAMILIE

Viele Ordnungen umfassen Familien, die an verschiedene Lebensweisen angepasst sind. Vogelspinnen etwa sind eine Familie behaarter Spinnen (Theraphosidae), die sich auf die Jagd von größeren Wirbellosen spezialisiert haben.

GATTUNG

In dieser Untergruppe einer Familie werden wichtige Unterscheidungen zwischen eng verwandten Gruppen von Tieren getroffen. Obwohl beispielsweise Pferde und Esel verschiedene Tiere sind, gehören sie beide zur selben Gattung *(Equus)*.

ART

Die klassische Definition einer Art ist eine Gruppe von Organismen, die sich untereinander paaren und Nachkommen erzeugen können. Diese können sich ebenfalls fortpflanzen. Auf der Erde gibt es vermutlich mehr als acht Millionen verschiedene Arten.

BINOMINALE NOMENKLATUR (ZWEITEILIGE BENENNUNG)

Jedes Lebewesen hat einen wissenschaftlichen Namen, der meist als Gattungs- und Artname angegeben wird. Diese Angabe in zweiteiliger Form bezeichnet man als „binominale Nomenklatur". In den meisten Büchern steht der wissenschaftliche Name des Tieres in Klammern und Kursivschrift nach seinem deutschen Namen. Das unten abgebildete Tier zum Beispiel heißt Wolf *(Canis lupus)* – Wolf ist also sein deutscher, *Canis lupus* sein wissenschaftlicher Name. Hat ein Tier keinen offiziellen deutschen Namen, wird nur die wissenschaftliche Bezeichnung verwendet.

KLASSIFIKATION DER TIERE	KLASSIFIKATION des Wolfes
DOMÄNE	Eukaryoten (Eukarya)
REICH	Tiere (Animalia)
STAMM	Chordatiere (Chordata)
KLASSE	Säugetiere (Mammalia)
ORDNUNG	Raubtiere (Carnivora)
FAMILIE	Hunde (Canidae)
GATTUNG	Wolfs- und Schakalartige *(Canis)*
ART	Wolf *(C. lupus)*

KLASSIFIKATION von *Pyrrharctia isabella*

DOMÄNE	Eukaryoten
REICH	Tiere
STAMM	Gliederfüßer
KLASSE	Insekten
ORDNUNG	Schmetterlinge
FAMILIE	Eulenfalter
GATTUNG	*Pyrrharctia*
ART	*P. isabella*

KLASSIFIKATION des Großen Tümmlers

DOMÄNE	Eukaryoten
REICH	Tiere
STAMM	Chordatiere
KLASSE	Säugetiere
ORDNUNG	Wale
FAMILIE	Delfine
GATTUNG	*Tursiops*
ART	*T. truncatus*

EVOLUTION DER ORDNUNGEN

Auf jeder Seite dieses Buches wirst du sehen, dass die Tiere in den einzelnen Ordnungen bestimmte Merkmale gemeinsam haben – beispielsweise Beine, Flügel, Stachel, Zähne. Und diese Merkmale haben sie von ihren Vorfahren geerbt. Fossilien, DNA (also die Erbanlagen) und die gemeinsamen Merkmale heute lebender Tiere verraten uns, dass sich die einzelnen Arten aus gemeinsamen Vorfahren entwickelt haben. Mit anderen Worten: Jede Ordnung in diesem Buch besteht aus Familienmitgliedern. Das ist vergleichbar mit Cousins, die gemeinsame Großeltern haben.

KÄNOZOIKUM
vor 66 Millionen Jahren

In den Jahrmillionen nach dem Meteoriteneinschlag, der die meisten Dinosaurier vernichtete, teilten sich die überlebenden Säugetiere in eine Reihe erkennbarer Ordnungen. Viele von diesen Ordnungen gibt es heute noch. Von den überlebenden Vögeln beherrschen zwei wichtige Ordnungen den Himmel: die Eulen (Strigiformes) und die Sperlingsvögel (Passeriformes).

ORDNUNGEN (siehe rechte Seite)

1. Eulen (Strigiformes)
2. Primaten (Primates)
3. Raubtiere (Carnivora)
4. Wale (Cetacea)
5. Nagetiere (Rodentia)
6. Sperlingsvögel (Passeriformes)

MESOZOIKUM
vor 252–66 Millionen Jahren

Das Mesozoikum gilt als Zeitalter der Reptilien. Es lässt sich von alt nach jung in die Perioden Trias, Jura und Kreide einteilen.

Kreide Als sich ihre Zeit langsam dem Ende zuneigte, überlebte nur ein einziger Teil der weit verzweigten Gruppe der Dinosaurier: die Vögel. Von den Vogelordnungen der Kreide gibt es heute noch die Hühnervögel (Galliformes).

Jura Die Dinosaurier lebten eine Weile zusammen mit einer Vielzahl neu entstehender Ordnungen wie den Froschlurchen (Anura), den Schuppenkriechtieren (Squamata), den Libellen (Odonata) und den Schmetterlingen (Lepidoptera).

Trias Während sich die Erde von einem Massensterben erholte, das vor dem Auftreten der Dinosaurier die Welt erschüttert hatte, betrat eine Reihe neuartiger Reptilien die Bühne, etwa die neu entstandenen Schildkröten (Testudines).

7. Hühnervögel (Galliformes)
8. Barschartige (Perciformes)
9. Schuppenkriechtiere (Squamata)
10. Libellen (Odonata)
11. Schmetterlinge (Lepioptera)
12. Froschlurche (Anura)
13. Hautflügler (Hymenoptera)
14. Schildkröten (Testudines)

PALÄOZOIKUM
vor 541–252 Millionen Jahren

Paläozoikum nennt man das Erdalter vor den Dinosauriern. Die ehemals leere Landschaft wurde von Amphibien und frühen Reptilien besiedelt. Unter den Reptilien gab es Tiere, aus denen später einmal Eidechsen, Schildkröten, Dinosaurier und Säugetiere werden sollten. Erste Wirbellose (Tiere ohne Wirbelsäule) traten in dieser Zeit in großer Zahl auf. Frühe Ordnungen der Wirbellosen, die sich damals entwickelten, gibt es sogar heute noch, zum Beispiel die Webspinnen (Araneae) und die Käfer (Coleoptera).

15. Heuschrecken (Orthoptera)
16. Webspinnen (Araneae)
17. Käfer (Coleoptera)
18. Zehnfußkrebse (Decapoda)
19. Asseln (Isopoda)
20. Skorpione (Scorpiones)
21. Schnabelkerfe (Hemiptera)

WOHER STAMMEN DIE ORDNUNGEN?

Ein Zeitplan, wann die Ordnungen entstanden sind

Ordnungen entstehen, wenn Tiere eine bestimmte Anpassung an ihren Lebensraum entwickeln, mit der sie erfolgreicher sein können als die anderen Tiere und die sie an zukünftige Generationen weitergeben können. Wale und Delfine zum Beispiel entwickelten sich aus einer einzigen Art eines Huftiers, das 50 Millionen Jahre an Land lebte und dann ins Wasser zog. Genauso ist jeder heute lebende Käfer aus einem einfachen Insekt mit harten Flügeln entstanden, die später zu dem Panzer wurden, der den Käfern ihren einzigartigen Schutz bietet. Auf diese Weise sind die Tiere jeder Ordnung Variationen einer erfolgreichen Anpassung. Ihre Vorfahren hatten damit vor langer Zeit Erfolg und entwickelten sich im Laufe der Zeit auf ihre ganz eigene Weise bis heute immer weiter.

DIE TIERE UNSERER ERDE

CARNIVORA

LATEIN: CARNIS „FLEISCH“ + VORARE „VERSCHLINGEN“

Zur Ordnung der Raubtiere (Carnivora) gehören Säugetiere, die sich hauptsächlich von Fleisch oder Aas ernähren. Insgesamt umfasst diese Ordnung rund 280 Arten. Typisch für die Raubtiere sind ihre kräftigen Kiefermuskeln, die scharfen Zähne und die nach vorn gerichteten Augen. Wie alle Säugetiere bringen sie lebende Junge zur Welt und sind Warmblüter, das heißt, ihre Körpertemperatur ist unabhängig von der Witterung gleichbleibend warm. Was ihre Körpergröße angeht, gehören sie zu den vielfältigsten Säugetierordnungen. Ihr kleinster Vertreter ist das handtellergroße Mauswiesel *(Mustela nivalis)*. Zu den größten Arten zählen der Eisbär *(Ursus maritimus)* mit einem Gewicht von bis zu 1000 Kilogramm und der Südliche See-Elefant *(Mirounga leonina)* mit bis zu 5000 Kilogramm.

1. HONIGDACHS
Der Honigdachs gilt als das furchtloseste Tier überhaupt. Er hat außergewöhnlich kräftige Zähne: Mit einem Biss durchdringt er sogar den Panzer einer Schildkröte.

2. STELLERSCHER SEELÖWE
Der größte aller Seelöwen hat einen gewaltigen Appetit. Er gehört zur Familie der Ohrenrobben, das sind Fisch fressende, im Wasser lebende Säugetiere.

3. KLEINER PANDA
Obwohl er zu den Raubtieren gehört, frisst der Kleine Panda kein Fleisch, sondern Pflanzen. Sein sechster „Finger“, eine Verlängerung des Handgelenkknochens, hilft ihm, wenn er nach frischen Bambussprösslingen greift.

4. ROTFUCHS
Rotfüchse leben überall auf der Welt in vielen verschiedenen Lebensräumen. Sie gelten als intelligent und listig – vermutlich weil sie so einfallsreich sind.

Rotfuchs

5. BRAUNBÄR
Ein Braunbärweibchen verschläft den ganzen Winter und wacht teilweise nicht einmal auf, wenn es seine Jungen zur Welt bringt. Die Kleinen trinken und schlafen, bis ihre Mutter aufwacht – und sind dann schon viel größer!

6. NORDAMERIKANISCHER FISCHOTTER
Fischotter können bis zu acht Minuten unter Wasser bleiben. Dazu verschließen sie Nasenlöcher und Ohren ganz fest, damit kein Wasser eindringt.

7. AMERIKANISCHER SCHWARZBÄR
Schwarzbären trotten meist langsam vor sich hin, doch wenn sie laufen, erreichen sie bis zu 40 bis 50 km/h. Trotz des Namens können sie auch hellbraunes, blaugraues oder sogar cremefarbenes Fell haben.

8. WEISSSCHWANZ-MANGUSTE
Die größte Mangustenart ist wie ihre Verwandten ein Allesfresser. Sie ernährt sich von Insekten, Beeren, Mäusen und sogar Schlangen.

9. WASCHBÄR
Die Vorderpfote eines Waschbären ähnelt einer Menschenhand. Mit seinen fünf Fingern kann das Tier Fische fangen und angeblich sogar Türen öffnen!

Wolf

10. WOLF
Wölfe sind sehr gesellig und leben in Rudeln von bis zu 30 Tieren. Sie kommunizieren miteinander, indem sie heulen, bellen, Duftmarken setzen und sogar eine Art Tanz aufführen.

11. GEPARD
Das schnellste Landtier der Erde erreicht im vollen Sprint mehr als 110 km/h. Bei dieser Geschwindigkeit benutzt der Gepard seinen Schwanz bei Richtungsänderungen zum Steuern.

12. MÄHNENWOLF
Dieses herrliche fuchsfarbene Raubtier ist der größte Wildhund Südamerikas. Seine üppige Mähne auf dem Rücken stellt sich auf, wenn er Gefahr spürt.

Mähnenwolf

1
2
3
5
4
6
7
8
11
10
12
9
15
16
13
14
18
19
21
17
20
23
22
24
28
29
25
26
30
27

Erdmännchen

13. ERDMÄNNCHEN

Erdmännchen haben einen sehr feinen Geruchssinn. Sie kommunizieren über Laute miteinander: Mit speziellen Rufen warnen sie die Kolonie vor verschiedenen Gefahren. Das Erdmännchen gehört zur Familie der Mangusten.

14. LÖWE

Von allen Großkatzen brüllt der Löwe am lautesten – sein Ruf ist noch in acht Kilometer Entfernung zu hören. Anders als andere Großkatzen leben Löwen in großen Rudeln zusammen. Die Löwinnen jagen gemeinsam und ziehen auch ihre Jungen zusammen auf.

15. WALROSS

Die Stoßzähne eines Walrosses wachsen immer weiter. Die Tiere nutzen sie, um sich aus dem Wasser auf eine Eisscholle hochzuziehen. Walrosse verbringen die Hälfte ihres Lebens im Meer, sie können bis zu 80 Meter tief tauchen.

16. STREIFENSKUNK

Skunks heißen auch Stinktiere und sind vor allem für ihre wirkungsvolle Verteidigungsstrategie berühmt: den schrecklichen, kaum abwaschbaren Gestank! Die ölige Flüssigkeit wird von Drüsen unter dem Schwanz der Tiere produziert.

17. SCHABRACKENSCHAKAL

Schakale sind eine der wenigen Säugetierarten, die lebenslang einem Partner treu bleiben. Man sieht sie daher häufig in Paaren umherziehen.

18. ZOBEL

Zobel gehören zur Familie der Marder. Sie folgen manchmal den Spuren von Wölfen oder Bären, um die Überreste ihrer Mahlzeiten zu fressen. Doch sie verspeisen auch Nacktschnecken.

19. AFRIKANISCHE ZIBETKATZE

Dieses nachtaktive Tier ist eng mit Wieseln und Mangusten verwandt. Jede Zibetkatze hat ein einzigartiges Fellmuster aus Flecken und Streifen.

Kanadischer Luchs

20. KANADISCHER LUCHS

Der Luchs jagt vor allem Schneeschuhhasen. Er ist so abhängig vom Vorkommen seiner Beute, dass die Luchspopulation zurückgeht, wenn es weniger Schneeschuhhasen gibt.

21. MAUSWIESEL

Das Mauswiesel ist die kleinste Raubtierart der Welt. In den nördlichen und kältesten Teilen ihres Verbreitungsgebiets werden die Tiere im Winter vollkommen weiß. Unter einer UV-Lampe leuchten sie dann hellviolett.

22. LEOPARD

Leoparden sind unglaublich beweglich und kräftig – sie können sechs Meter weit und drei Meter hoch springen. Außerdem ist ihr Gehör extrem scharf; sie hören fünfmal besser als ein Mensch.

23. TIGER

Tiger gehören zu den wenigen Großkatzen, die Wasser mögen. Sie sind ausgezeichnete Schwimmer; im Wasser jagen sie ihre Beute und kühlen sich ab.

24. SATTELROBBE

Eine Sattelrobbe kann ihr Junges unter Hunderten anderer Robbenbabys am Geruch erkennen. Die Jungtiere sind bei der Geburt strahlend weiß. Nach etwa zwei Wochen wird ihr Fell grau und bekommt schwarze Flecken.

25. TÜPFELHYÄNE

Dank ihres robusten Verdauungssystems können Tüpfelhyänen ihre Beute mitsamt Knochen, Fell und Zähnen fressen. Man hat sie sogar schon Dinge aus Aluminium verschlingen sehen.

Tüpfelhyäne

Fennek

26. FENNEK

Mit ihren stark behaarten Pfoten können Fenneks unbeschadet über heißen Wüstensand laufen. Das Fell schützt sie aber nicht nur vor der Hitze, sondern hält ihre Zehen auch schön warm, wenn die Temperaturen nachts unter null fallen.

27. SEE-ELEFANT

Dank eines schlauen Tricks können See-Elefanten lange Zeit ohne Wasser auskommen: Ihre Nieren stellen stark konzentrierten Urin her, der mehr Abfallstoffe und weniger Wasser enthält.

28. FANALOKA

Die Fanaloka gehört zur Familie der Madagassischen Raubkatzen. Sie kommt wie alle ihre Verwandten ausschließlich auf der Insel Madagaskar vor. Auf ihrem Speiseplan stehen Insekten, Vogeleier und kleine Reptilien. Ihr Schwanz dient als Fettspeicher, von dem das Tier während nahrungsarmer Zeiten zehrt.

29. WICKELBÄR

Der Wickelbär benutzt seinen dicken, kräftigen Schwanz wie einen zusätzlichen Arm. Er hilft beim Klettern und Balancieren auf Ästen und Zweigen. Außerdem hält er das Tier in kalten Nächten schön warm, wenn der Bär seinen Schwanz um sich wickelt.

30. AMERIKANISCHER NERZ

Wie Skunks können Amerikanische Nerze stinkende Flüssigkeit versprühen, um Feinde abzuschrecken. Allerdings sind sie nicht in der Lage, so exakt zu zielen wie ein Skunk. Dennoch hält der Gestank viele Angreifer auf Abstand.

ABBILDUNG 1: FAMILIENLEBEN BEI SÄUGETIEREN

Löwe *(Panthera leo)*

Die Mitglieder der Ordnung Raubtiere bringen lebende Junge zur Welt und säugen diese mit Milch. Die Tragzeiten (Länge der Schwangerschaft) sind zwar unterschiedlich, aber bei allen Raubtieren trägt das erwachsene Weibchen die Jungen in der Gebärmutter aus und bringt sie dann zur Welt.

Bei den meisten Raubtierarten kümmert sich ausschließlich (oder wenigstens vorwiegend) die Mutter um den Nachwuchs. Nach der Geburt bleiben die Jungen bei ihr, sie beschützt die Kleinen und füttert sie – erst mit Milch, dann mit Beutetieren. Außerdem bringt sie ihnen auch die lebenswichtigen Jagdtechniken bei. Viele Jungen bleiben einige Jahre bei ihrer Mutter.

ABBILDUNG 2: EIN SPEZIELLES MERKMAL

Raubtierkiefer

Raubtiere haben eine typische Schädelform. Ihr Gehirn ist relativ groß, der Schädel auch. Die Kiefer sind sehr massiv – mit ihnen können die Tiere ihre Beute kraftvoll zermalmen. Der Kaumuskel findet sich nur bei Säugetieren. Bei den Raubtieren setzt er am Unterkiefer an, daher kann sich der Kiefer nur auf und ab bewegen und nicht von einer Seite zur anderen.

Raubtiere haben auch gut entwickelte Eckzähne (Fangzähne) und kräftige Schneidezähne. Ihre Backenzähne weisen in der Regel messerscharfe Kanten auf. Diese Merkmale helfen ihnen beim Zerreißen ihrer Beute.

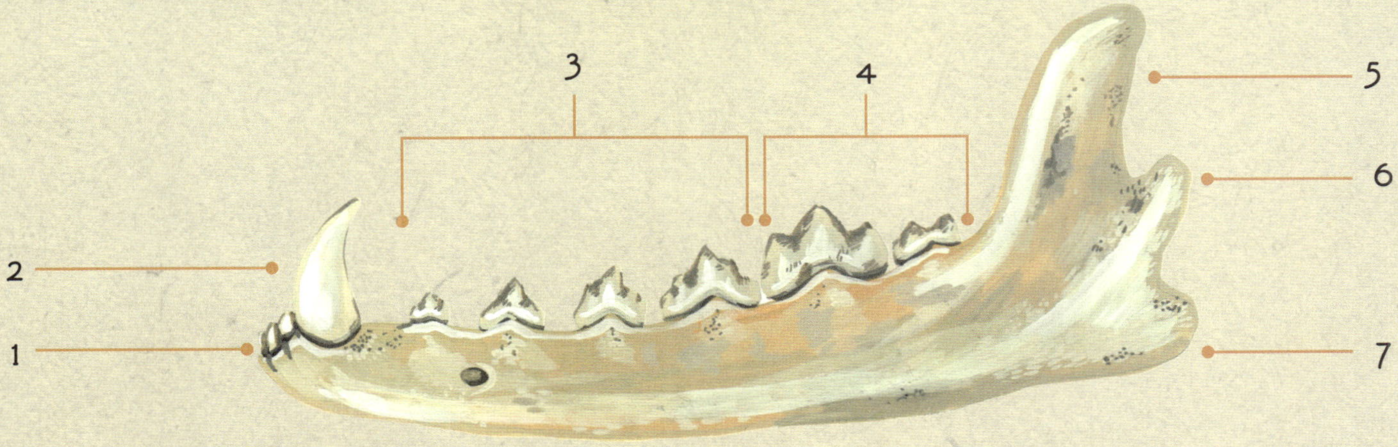

1. Schneidezähne
2. Fangzahn
3. Vorbackenzähne
4. Backenzähne
5. Kronenfortsatz
6. Gelenkfortsatz
7. Winkelfortsatz

1
2
3
4
5
6
7
8
9
10
11
12
13
14
15
16
17
18
19
20
21
22
23
24
25
26
27
28
29
30

CETACEA

LATEIN: CETUS „WAL“ + GRIECHISCH: KETOS „GROSSER FISCH“

Die Ordnung der Wale (Cetacea) umfasst die größten Lebewesen, die jemals die Erde bevölkert haben. Einige, etwa der Blauwal *(Balaenoptera musculus)*, werden bis zu 30 Meter lang und wiegen mehr als 36 Elefanten. Wale sind zwar an das Leben unter Wasser angepasst, haben aber immer noch viele bekannte Säugetiermerkmale. So atmen sie beispielsweise Luft und bringen lebende Junge zur Welt, die sie anfangs mit Milch füttern. Alle Wale sind sehr kommunikativ und einige, zum Beispiel die Delfine, nutzen dieses Talent für die Jagd mithilfe der Echoortung. Früher galten die Wale als eigene Ordnung, inzwischen werden sie aber als besonders beeindruckender Zweig einer größeren Säugetierordnung betrachtet – der Paarhufer (lateinisch Artiodactyla).

1. WEISSWAL

Die leuchtend weißen Belugas oder Weißwale sind anhand ihrer Färbung leicht zu erkennen. Sie leben sehr gesellig. Nicht selten findet man sie in Schulen aus Hunderten von Tieren.

2. KLEINER OST-PAZIFISCHER DELFIN

Ostpazifische Delfine sind bekannt für ihre Sprünge, Salti und Drehungen über dem Wasser. Die geselligen Tiere suchen oft die Nähe von Menschen.

3. BREITSCHNABELDELFIN

Breitschnabeldelfine können sehr schnell schwimmen – vor allem, wenn sie sich erschrecken! Tagsüber ruhen sie gern an der Wasseroberfläche.

4. SCHWERTWAL

Die schwarz-weißen Schwertwale oder Orcas gehören zur Familie der Delfine. Die Tiere sind unglaublich intelligent und arbeiten bei der Jagd oft in Gruppen zusammen.

Schwertwal

Zügeldelfin

5. ZÜGELDELFIN

Zügeldelfine sind bei ihrer Geburt einfarbig grau, die Flecken entwickeln sich erst später. In der Regel leben sie in kleineren Schulen und fressen kleine Fische, Kalmare und Kraken.

6. STUNDENGLASDELFIN

Dieser Delfin mit der auffälligen schwarz-weißen Zeichnung lebt im Südpolarmeer. Er lässt sich nur selten in Küstennähe sehen und ernährt sich in erster Linie von Fischen und Kopffüßern.

7. KLEINER POTTWAL

Das kleinste Mitglied der Walfamilie wird nur bis zu 2,7 Meter lang und ist damit kaum größer als ein Delfin. Auf Nahrungssuche taucht er über 1300 Meter tief.

8. NARWAL

Wegen seines langen Stoßzahns, den er vorn am Kopf trägt, wird der Narwal auch „Einhorn der Meere“ genannt. Bei dem Stoßzahn handelt es sich um einen Eckzahn des Oberkiefers, der knapp drei Meter lang werden kann.

9. SCHWARZDELFIN

Schwarzdelfine springen oft aus dem Wasser und sind häufig in der Nähe von Schiffen anzutreffen, wo sie auf der Bugwelle (der Welle, die das Schiff vor sich herschiebt) mitschwimmen.

10. KLEINER SCHWERTWAL

Dieser Wal ist ein großer Delfin, der aussieht wie ein Schwertwal, aber keiner ist. Das scheue Tier galt bereits als ausgestorben, aber im offenen Meer leben noch einige kleine Populationen.

11. GEWÖHNLICHER SCHWEINSWAL

Der Gewöhnliche Schweinswal ist einer von insgesamt sechs Schweinswalarten. Er hält sich häufig in Küstennähe auf und ist sogar in Flüssen und Flussmündungen zu finden.

12. BUCKELWAL

Der Buckelwal wird durchschnittlich 18 Meter lang und frisst pro Tag rund 1400 Kilogramm Nahrung! Sie besteht aus kleinen Fischen und winzigen garnelenartigen Krebstieren, die man Krill nennt.

13. GROSSER TÜMMLER

Diese klugen Säugetiere sind die bekanntesten Delfine und können über Klicklaute und Gesänge miteinander kommunizieren. Sie bringen sich sogar gegenseitig Tricks zum Überleben in freier Wildbahn bei.

14. RUNDKOPFDELFIN
Der Rundkopfdelfin lebt weltweit in warmen tropischen Gewässern. Diese Delfine haben oft viele Narben am Körper, die von ihrer Beute, den Kalmaren, und von Begegnungen mit anderen Delfinen stammen.

15. POTTWAL
Mit über 18 Meter Körperlänge ist der Pottwal der größte Zahnwal der Welt. Und er hat von allen Tieren das größte Gehirn.

16. SHEPHERD-WAL
Der Shepherd-Wal wird bis zu sieben Meter lang. Die Männchen tragen ein Paar Stoßzähne im Unterkiefer, die vermutlich für die Partnerwerbung oder im Kampf gegen Rivalen eingesetzt werden.

17. KALIFORNISCHER SCHWEINSWAL
Dieser Wal wird auch Vaquita genannt und gilt als seltenstes Meerestier der Welt. Er ist stark vom Aussterben bedroht – man schätzt, dass es nur noch 30 Tiere auf der Welt gibt.

18. LA-PLATA-DELFIN
Der La-Plata-Delfin hat im Verhältnis zur Körpergröße die längste Schnauze aller Wale. Er ist ein Flussdelfin und lebt in salzigen Flussmündungen und flussnahen Meeresbuchten.

19. ZWERGGLATTWAL
Bis 2012 galt der Zwergglattwal als ausgestorben. Er ist der kleinste der Bartenwale und eng mit einer ausgestorbenen Walfamilie verwandt, was ihn zu einem lebenden Fossil macht.

20. CLYMENE-DELFIN
Der Clymene-Delfin wird manchmal mit dem Ostpazifischen Delfin verwechselt. Der aktive Schwimmer ist häufig in der Nähe von Schiffen zu beobachten, wo er auf den Schiffswellen schwimmt und aus dem Wasser springt.

21. GRINDWAL
Wie die Schwertwale gehören auch die Grindwale zur Familie der Delfine. Sie sind bekannt dafür, dass sie innerhalb ihrer Familiengruppen auch auf die Kälber anderer Mütter aufpassen.

22. CAMPERDOWN-WAL
Abgesehen vom Shepherd-Wal ist dies der einzige Schnabelwal mit Zähnen im Oberkiefer. Auch der Camperdown-Wal hat eine lange und besonders schmale Schnauze.

23. AMAZONASDELFIN
Der Amazonasdelfin, auch Boto genannt, ist die größte Flussdelfinart. Neugeborene Tiere haben eine dunkelgraue Haut; bis sie erwachsen sind, hat sie sich rosa gefärbt.

24. GLATTSCHWEINSWAL
Der Glattschweinswal lebt in und um den Fluss Jangtse in Fernost und ist der einzige Schweinswal ohne echte Finne (Rückenflosse). Stattdessen verläuft über den Rücken ein niedriger Grat mit kleinen Höckern.

25. HECTOR-SCHNABELWAL
Diese Schnabelwale haben keine funktionsfähigen Zähne. Sie können ihre Beute daher wahrscheinlich nur durch kräftiges Ansaugen in ihr Maul befördern.

26. GRAUWAL
Grauwale können bis zu 15 Meter lang werden. Sie unternehmen die längsten Wanderungen aller Säugetiere: Jedes Jahr legen sie zwischen der Westküste von Mexiko und den arktischen Meeren und wieder retour 16 000 bis 19 000 Kilometer zurück.

Hector-Delfin

27. SEIWAL
Der Seiwal wird bis zu 20 Meter lang und zählt zu den schnellsten Walen. Er kann Geschwindigkeiten von bis zu 48 km/h erreichen.

28. HECTOR-DELFIN
Die Hector-Delfine gehören zu den kleinsten und seltensten Delfinen. Sie leben in Männchen- oder Weibchengruppen von zwei bis acht Delfinen zusammen.

29. CUVIER-SCHNABELWAL
2011 tauchte ein Cuvier-Schnabelwal mit Peilsender 2992 Meter tief – das ist der tiefste Tauchgang, der je für ein Säugetier aufgezeichnet wurde. Diese Wale können ihren Brustkorb zusammendrücken, damit sich keine Luftblasen in der Lunge bilden und sie weniger Auftrieb haben.

30. ZWERGWAL
Wenn sie angegriffen werden, verteidigen sich Zwergwale meist nicht, sondern fliehen lieber in Windeseile. Auf der Flucht vor Feinden können sie bis zu eine Stunde lang Geschwindigkeiten von 24 bis 48 km/h halten.

Grauwal

ABBILDUNG 1: SKELETT EINES GRAUWALS

Eschrichtius robustus

Die ersten Wale entstanden vor über 50 Millionen Jahren aus einem fleischfressenden Landsäugetier. Über einen Zeitraum von zehn Millionen Jahren sieht man anhand von Fossilien, dass ihre Füße immer länger wurden und sich so an das Schwimmen anpassten. Die Verbindungen zu ihren Verwandten an Land sind noch erkennbar. Wale haben Fingerknochen in ihren Flippern (Brustflossen), bei den meisten (nicht allen) haben sich allerdings im Laufe der Zeit die Hinterbeine zurückgebildet.

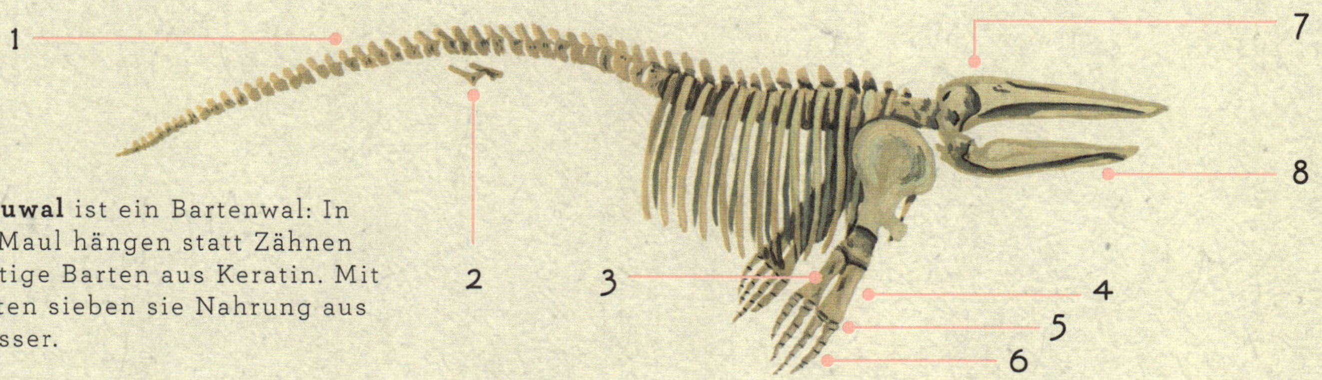

Der **Grauwal** ist ein Bartenwal: In seinem Maul hängen statt Zähnen kammartige Barten aus Keratin. Mit den Barten sieben sie Nahrung aus dem Wasser.

1. Schwanzwirbel
2. Beckenknochen
3. Speiche
4. Elle
5. Handwurzel- und Mittelhandknochen
6. Fingerknochen
7. Schädel
8. Unterkiefer

ABBILDUNG 2: ECHOORTUNG

Biosonar bei Zahnwalen

Viele Zahnwale, darunter Delfine und Schweinswale, kommunizieren und jagen mithilfe der Echoortung. Die Tiere können zwar über und unter Wasser gut sehen, aber die Echoortung – auch Biosonar genannt – hilft ihnen, Beutetiere, Gegenstände oder andere Tiere unter Wasser zu finden und zu erkennen. Durch die Echoortung können sie Größe, Form und Fortbewegungsgeschwindigkeit des Objekts bestimmen.

Die Klicklaute, die sie für die Echoortung brauchen, erzeugen sie mit dem Kehlkopf und einem komplizierten System von Hohlräumen im Kopf, die mit den Blaslöchern in Verbindung stehen. So stoßen sie eine rasche Folge von Klicklauten in hohen Frequenzen aus.

Alle Zahnwale haben ein spezielles Organ hinter der Stirn, die sogenannte Melone. Sie besteht aus Fettgewebe und konzentriert und steuert die Schallwellen, die die Tiere im Kopf erzeugen. Ein weiterer fettgefüllter Hohlraum im Unterkiefer empfängt die Laute und leitet die Informationen ins Mittelohr, bevor sie vom Gehirn erkannt werden. Die Zeit zwischen dem ersten Klick und der Wahrnehmung des Echos verrät den Tieren, wie weit ein Objekt entfernt ist.

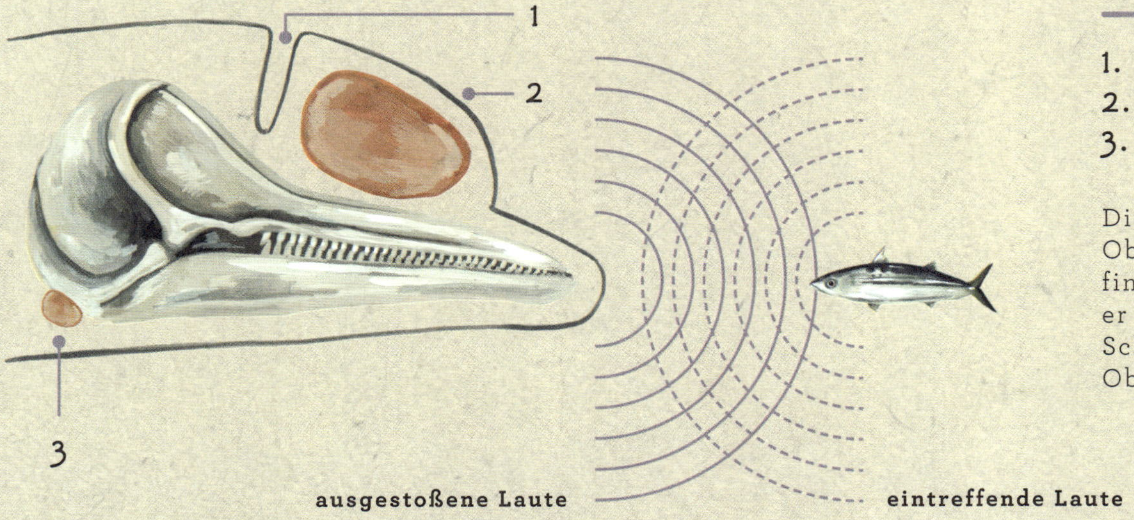

1. Blasloch
2. Melone
3. Innen- und Mittelohr

Die Schallwellen prallen vom Objekt ab und werden zum Delfin zurückgeworfen. Daraus kann er Größe, Form, Entfernung und Schwimmgeschwindigkeit des Objekts ableiten.

PRIMATES

LATEIN: PRIMUS „ERSTER" ODER PRIMAS „ERSTER RANG"

Die Primaten sind für ihr großes Gehirn, ihr kommunikatives Geschnatter und ihre gut entwickelten, nach vorn gerichteten Augen bekannt. Als Anpassung an das Leben in den Bäumen haben Primaten lange Finger und Greifhände und die meisten (bis auf die Menschenaffen) auch einen langen Schwanz, um das Gleichgewicht zu halten. Manche Arten wie der Braune Brüllaffe *(Alouatta guariba)* können sich mit ihren Schwänzen an Äste klammern. Primaten sind ganz unterschiedlich groß, vom gewaltigen Östlichen Gorilla *(Gorilla beringei)* bis zum Berthe-Mausmaki *(Microcebus berthae)*, der bequem auf einem menschlichen Daumen sitzen könnte. Mehr als die Hälfte aller Primatenarten sind vom Aussterben bedroht; damit gehören sie zu den am schnellsten schrumpfenden Tierordnungen der Welt.

1. PHILIPPINEN-KOBOLDMAKI

Der Philippinen-Koboldmaki zählt zu den kleinsten Primaten – mit acht bis 16 Zentimetern ist er ungefähr so groß wie die Faust eines Erwachsenen. Er kommt nur auf der Inselgruppe der Philippinen vor.

2. WEISSHANDGIBBON

Weißhandgibbons haben verschiedene Fellfarben, von Schwarz oder Dunkelbraun bis Hellbraun oder Sandfarben. Zur Hälfte ernähren sie sich von Früchten, zur anderen Hälfte von Blättern, Insekten und Blüten.

3. KAISERSCHNURRBART-TAMARIN

Seinen Namen verdankt dieser Affe seinem langen, weißen Schnurrbart, der ihm bis über die Schultern reicht.

4. POTTO

Während der Paarungszeit hängen sich Pottos oft kopfüber an Äste und betreiben gegenseitig Fellpflege. Der Potto verströmt einen besonderen Geruch, der an Curry erinnert.

5. BRAUNER BRÜLLAFFE

Der Braune Brüllaffe kommt nur im Atlantischen Regenwald in Südamerika vor. Er ist für sein lautes Heulen und Brüllen bekannt, das er mit seinen spezialisierten Stimmbändern erzeugt.

6. KLEIDERAFFE

Der Kleideraffe gehört zu den farbenprächtigsten Primaten. Er trägt rote „Socken" von den Knien bis zu den Knöcheln, hat weiße Unterarme, schwarze Hände und Füße und hellblaue Augenlider.

7. BERTHE-MAUSMAKI

Der kleinste Primat der Welt erreicht nur elf Zentimeter Körperlänge und sein Schwanz wird bis zu 14 Zentimeter lang. Wie alle Lemuren findet man ihn ausschließlich auf der Insel Madagaskar.

8. KATTA

Kattas sind äußerst sozial – sie leben in Gruppen von bis zu 30 Tieren, die von einem Weibchen angeführt werden. Mit besonderen Rufen warnen sie die übrige Gruppe vor Gefahren.

Katta

9. WEISSKOPFSAKI

Ist ein Fressfeind in der Nähe, stößt der Weißkopfsaki Warnrufe aus, manchmal über eine Stunde lang. Die ganze Gruppe sträubt dann das Fell und trommelt mit den Füßen gegen Bäume oder auf den Boden, um gemeinsam mögliche Angreifer einzuschüchtern.

10. ROTER VARI

Wie der Name schon andeutet, hat dieser Maki ein rötliches Fell. Gesicht, Hände und Füße sowie der Schwanz sind schwarz. Der Vari verbringt viel Zeit mit der Fellpflege; seine unteren Zähne stehen dazu extra ein wenig auseinander wie die Zähne eines Kamms.

11. GOLDENES LÖWENÄFFCHEN

Das hübsche Äffchen ist natürlich nicht mit den Löwen verwandt, sondern heißt so wegen seiner prächtigen Mähne. Es hat ein unverwechselbares, leuchtend orangefarbenes Fell und ein dunkles, unbehaartes Gesicht.

12. WEISSSCHULTER-KAPUZINERAFFE

Diese Affen sind hochintelligent und haben sogar gelernt, Werkzeuge zu benutzen – entweder um an Nahrung zu kommen oder als Waffen. Man hat auch schon beobachtet, wie sie ihren Körper mit Pflanzen einreiben, möglicherweise als eine Art Kräutermedizin.

1
2
3
4
5
6
7
8
9
10
11
12
13
14
15
16
17
18
19
20
21
22
23
24
25
26
27
28
29
30

Fingertier

13. FINGERTIER
Das Fingertier wurde ursprünglich wegen seines Aussehens als Nager eingeordnet, gehört aber zu den Lemuren. Es hat einen sehr langen, dünnen Mittelfinger, mit dem es Äste nach Insekten abklopft und diese dann herausbohrt.

14. GOLDSTUMPFNASE
Die Goldstumpfnase lebt in Gruppen von fünf bis zehn Tieren in großen Verbänden von bis zu 600 Affen! Bei Gefahr werden die Jungen in die Mitte der Gruppe gesetzt und die stärksten Männchen untersuchen den Grund für den Aufruhr.

15. TONKIN-SCHWARZLANGUR
Dieser Primat ist einzigartig wegen seines komplexen Magens, der aus mehreren Kammern besteht. Er braucht ihn, weil er nur Blätter frisst. Deren schwer verdauliche Bestandteile werden im Magen zersetzt.

16. KOLUMBIANISCHER NACHTAFFE
Der Nachtaffe verschläft den Tag in hohlen Bäumen und durchstreift nachts die Baumkronen des südamerikanischen subtropischen Walds auf der Suche nach Früchten, Insekten und Nektar.

17. INDRI
Der Indri gehört zu den größen Lemuren. Er ist bekannt für seine lauten, unverwechselbaren Rufe, mit denen er sein Revier absteckt und seine Artgenossen vor Gefahren warnt.

18. JAPANMAKAK
Diese Affen, auch Schneeaffen genannt, sind berühmt dafür, dass sie in den kalten Wintermonaten in heißen Quellen baden und sich so aufwärmen.

19. BORNEO-ORANG-UTAN
Die Menschenaffen sind vom Aussterben bedroht, weil ihr Lebensraum immer kleiner wird und sie gejagt werden. Wie ihr Name schon sagt, sind diese Orang-Utans nur auf der Insel Borneo zu finden.

20. PRINZ-BERNHARD-SPRINGAFFE
Die Springaffen suchen sich einen Partner fürs Leben und bleiben in Paaren zusammen. Die Bindung zwischen Männchen und Neugeborenem ist sehr stark; der Vater trägt das Baby auf seinem Rücken und bringt es nur zum Füttern zur Mutter.

21. ROTER UAKARI
Der Rote Uakari hat ein auffälliges, leuchtend rotes Gesicht, einen kahlen Kopf und langes, helles Fell. Trotz seines kurzen Schwanzes bewegt er sich ohne Probleme durch die Bäume.

22. CLEESE-WOLLMAKI
Die nachtaktiven Lemuren verschlafen den Tag und kommen erst nachts heraus, um zu fressen und gegenseitige Fellpflege zu betreiben. Sie bleiben über laute, unverwechselbare Pfiffe in Kontakt.

23. ZWERGSEIDENÄFFCHEN
Der Speiseplan des Zwergseidenäffchens unterscheidet sich stark von dem der meisten anderen Primaten: Mit ihren scharfen Zähnen ritzen die Krallenaffen Baumrinde an und zapfen Saft und Gummi aus den Bäumen.

24. SUNDA-PLUMPLORI
Der Sunda-Plumplori verbringt in der Regel seine Zeit am liebsten allein. Er sucht sich jedoch eine Partnerin, mit der er monogam zusammenbleibt, bis die Jungen allein überleben können.

25. MITTEL-AMERIKANISCHER TOTENKOPFAFFE
Wie viele andere Primaten ist dieser Totenkopfaffe ein Baumbewohner. Wegen seiner Ernährung spielt er eine wichtige Rolle bei der Verbreitung von Samen und der Bestäubung von Blüten. Er frisst aber auch Insekten.

Graurücken-Wieselmaki

26. GRAURÜCKEN-WIESELMAKI
Der Graurücken-Wieselmaki ist eines der kleinsten Mitglieder der Lemurenfamilie. Heute gehört auch er zu den gefährdeten Arten, weil sein Lebensraum immer weiter zerstört wird.

27. NASENAFFE
Der Nasenaffe zählt zu den größten Affenarten in Asien. Er ist berühmt für die große birnenförmige Nase des Männchens, die bis über seinen Mund hinabreichen kann. Die Weibchen dagegen haben zierliche Nasen.

28. SENEGAL-GALAGO
Diese afrikanischen Äffchen haben Ohren wie Satellitenschüsseln! Sie bestehen aus vier Teilen, die sich sogar einzeln biegen lassen. So hören sie nachts die Insekten, die sie jagen.

29. MANDRILL
Die exotische Färbung des Mandrillmännchens ist unverwechselbar: Seine Nase und sein Hinterteil sind leuchtend rot und blau, der Bart ist goldgelb. Der Mandrill lebt in den Regenwäldern Zentralafrikas.

30. WESTLICHER GORILLA
Gorillas sind die größten Menschenaffen. Es gibt zwei Arten, die Östlichen und die Westlichen Gorillas. Erstere sind sogar noch größer als die Westlichen Gorillas. Ältere Männchen heißen Silberrücken und können bis zu 160 Kilogramm schwer sein. Die Gorillaweibchen sind kleiner und wiegen bis zu 80 Kilogramm.

ABBILDUNG 1: SKELETT EINES MANDRILLS

Mandrillus sphinx

Die Ordnung der Primaten entwickelte sich 10 bis 15 Millionen Jahre nach dem Aussterben der Dinosaurier aus baumbewohnenden Tieren. Diese Stammesgeschichte zeigt sich heute noch in ihren Knochen.

Die Tiere haben fünf kräftige, geschickte Finger zum Klettern. Viele Affenarten verfügen zusätzlich über einen beweglichen Schwanz, mit dem sie sich an Ästen festhalten können.

Primaten unterscheiden sich von den meisten anderen Säugetieren darin, dass ihr Schädel oben auf der Wirbelsäule sitzt und nicht vorn. Deswegen und wegen ihres kräftigen Beckens können sie sich aufrecht stehend bewegen und sitzen.

Außerdem haben Primaten ein verhältnismäßig großes Gehirn und die Fähigkeit, räumlich zu sehen.

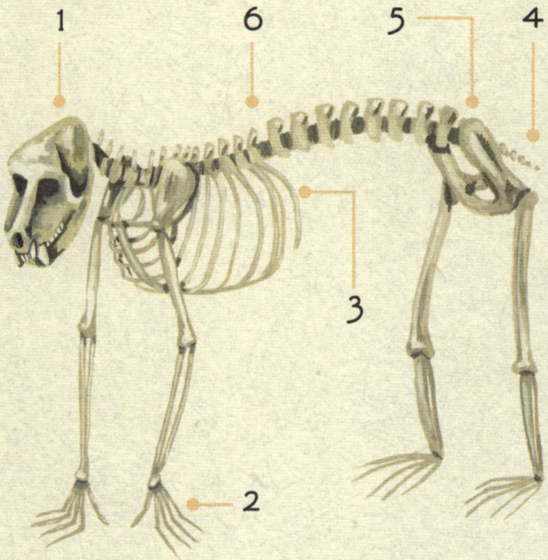

1. Schädel
2. Finger und Daumen
3. Rippen
4. Schwanz
5. Becken
6. Wirbelsäule

ABBILDUNG 2: SCHÄDEL EINES ORANG-UTANS

Pongo pygmaeus

Die Primaten zeichnen auch ihre nach vorn gerichteten Augen aus. Dank dieser Anpassung sehen sie besser, weil die Augen in dieser Stellung die meisten Reize aufnehmen können und die Tiefe des Raums besser wahrnehmen. Das ist vor allem für all jene Affenarten sehr nützlich, die in Waldgebieten leben.

Anders als die meisten Säugetiere sind viele Primaten in der Lage, Farben zu sehen. Mit dieser Anpassung können sie Beeren und andere bunte Früchte in den Baumwipfeln aufspüren.

Orang-Utan

Primatenschädel bieten Platz für größere Gehirne und daher sind ihre Gehirne im Verhältnis auch größer als die anderer Säugetiere. Es gibt viele Theorien, warum das so ist; man geht jedoch davon aus, dass ihr soziales Verhalten, die teilweise vorhandene Fähigkeit, Werkzeuge zu benutzen, und ihre Fähigkeit, Probleme zu lösen, dazu beitragen.

Primaten haben kein spezialisiertes Gebiss, es besteht aus Schneidezähnen, Eckzähnen und Backenzähnen. Es ist an eine breite Palette von Nahrung angepasst. Mit den Schneidezähnen werden Stücke der Nahrung abgebissen, die Eckzähne durchbohren und zerreißen sie und mit den Backenzähnen wird die Nahrung zermahlen. Menschen haben dieselbe typische Zahnformel wie die Menschenaffen.

1. Schädel
2. Schneidezähne
3. Eckzähne
4. nach vorn gerichtete Augenhöhlen

1
2
3
4
5
6
7
8
9
10
11
12
13
14
15
16
17
18
19
20
21
22
23
24
25
26
27
28
29
30

RODENTIA

LATEIN: RODERE „NAGEN"

Von allen Säugetierordnungen gehören die Nagetiere (Rodentia) zu den erfolgreichsten, wenn es um Anpassungen an neue Lebensräume geht. Vertreter dieser Ordnung leben in Polargebieten, trockenen Wüsten und sogar in den größten Städten der Welt, wo sie sich häufig zu Millionen aufhalten. Wie die meisten Säugetiere haben Nagetiere Backenzähne, aber ihre Besonderheit sind ihre Schneidezähne: Sie wachsen ihr ganzes Leben lang weiter und werden nicht ersetzt. Wegen ihrer Fähigkeit zu nagen kann diese Ordnung besser als andere Säugetiere neue Nahrungsquellen erschließen und nutzen. Die Wanderratte *(Rattus norvegicus)* und die Hausmaus *(Mus musculus)* könnten die Säugetierarten mit den meisten Vertretern auf der Erde sein und sogar noch zahlreicher als die Menschen.

1. DREIZEHNSTREIFEN-HÖRNCHEN

Im Winterschlaf rollt sich dieses Hörnchen zu einer Kugel zusammen und reduziert seine Atemzüge von 200 pro Minute auf nur einen einzigen Atemzug alle fünf Minuten.

2. PAKA

Diese großen Nagetiere bewohnen tropische Teile Südamerikas. Sie leben in Wassernähe und sind hervorragende Schwimmer, die sich vor Gefahr manchmal ins Wasser flüchten. Auch klettern können die Tiere gut: Auf Nahrungssuche erklimmen sie oft Bäume.

3. MAUSHAMSTER

Ursprünglich ordnete man sie wegen der Form ihrer Zähne der Familie der Hamster zu, aber sie haben weder Backentaschen noch kurze Schwänze wie die „richtigen" Hamster.

4. KANADISCHER BIBER

Dieser Biber ist das größte Nagetier Nordamerikas und eins der größten weltweit. Biber leben an Land und im Wasser; eine spezielle Membran bedeckt ihre Augen, sodass sie unter Wasser sehen können. Ihre Ohren und Nasenlöcher verschließen sie ganz fest, wenn sie auf Tauchgang gehen.

5. SÜDINDISCHER STACHELBILCH

Der Bilch mit dem buschigen Schwanz kommt nur in Indien vor. Er wohnt in Baumhöhlen und ernährt sich von Früchten. Seinem Namen macht er alle Ehre – das Fell ist mit zahlreichen Stacheln durchsetzt.

6. EICHHÖRNCHEN

Das Eichhörnchen ist in Europa und Asien weit verbreitet. Es lebt in Bäumen und springt wagemutig von Ast zu Ast. Die Nagetiere ernähren sich nicht nur von pflanzlicher Kost, auch Insekten, Vogeleier und Küken stehen auf ihrem Speiseplan.

7. VIERZEHEN-SPRINGMAUS

Diese kleinen Nagetiere bewegen sich hüpfend fort. Sie haben lange Hinterfüße mit Krallen und kurze Vorderbeine. Mit ihren langen Schwänzen stützen sie sich ab, wenn sie aufrecht stehen.

Vierzehen-Springmaus

8. DEGU

Degus sind äußerst gesellig. In koordinierter Gemeinschaftsarbeit heben sie große, komplizierte Baue unter der Erde aus und bilden dabei auch Grabketten. Manchmal füttern die Weibchen im Gemeinschaftsnest sogar die Jungen der anderen Weibchen mit.

9. SCHWARZSCHWANZ-PRÄRIEHUND

Präriehunde bilden riesige Kolonien, die auch Städte genannt werden. Sie können aus Tausenden von Tieren bestehen, die in kleineren Familien zusammenleben. Eine solche „Präriehundstadt" in Texas soll 400 Millionen Einwohner umfassen.

10. GARTENSCHLÄFER

Die nachtaktiven Bilche kommen in Europa vor. Tagsüber schlafen sie in kugelförmigen Nestern in Bäumen, nachts gehen sie auf Nahrungssuche. Der Winterschlaf dauert je nach Verbreitungsgebiet bis zu sieben Monate.

11. PAKARANA

Pakaranas sind große Nagetiere mit langsamen Bewegungen, die typischerweise in Familiengruppen mit vier bis fünf Tieren leben. Sie kommen nur in den tropischen Regenwäldern des Amazonasbeckens und in den Ausläufern der Anden vor.

12. FELSENRATTE
Die Felsenratte ist das einzige verbleibende Mitglied der Familie Petromuridae, wörtlich übersetzt „Felsenmäuse". Dank spezieller Anpassungen an Schädel und Rippen kann sie sich in kleinste Felsspalten zwängen. Felsenratten sind nicht näher mit Ratten verwandt.

13. LAOTISCHE FELSENRATTE
Das Nagetier sieht aus wie eine Ratte, hat jedoch einen buschigen Schwanz wie ein Eichhörnchen. Es bewegt sich langsam und läuft ähnlich wie eine Ente mit watschelndem Gang, erklettert aber flink die Felsen seines Lebensraums.

14. MADAGASSISCHE RIESENRATTE
Dieses Tier lebt nur auf der Insel Madagaskar. Die Paare bleiben sich treu und die Männchen beschützen ihre Jungen so entschlossen, dass sie sich sogar selbst in Lebensgefahr begeben, um ihren Nachwuchs zu verteidigen.

15. AGUTI
Das Aguti lebt von Früchten, Nüssen, Blättern und Wurzeln. Beim Fressen sitzt es auf den Hinterbeinen und hält die Nahrung zwischen den Vorderpfoten. Manchmal fressen bis zu 100 Tiere gemeinsam.

16. BERGLEMMING
Im Winter leben Berglemminge in gut isolierten Bauen unter dem Schnee. Hier finden sie Wärme, Schutz vor Fressfeinden und ihre Nahrung. Sie graben ihren Unterschlupf entweder selbst oder ziehen in bereits vorhandene Baue.

17. SÜDAFRIKANISCHER SPRINGHASE
Das Tier sieht aus wie ein kleines Känguru. Mit seinen kräftigen Hinterbeinen kann es mit einem einzigen Satz mehr als zwei Meter weit springen. Mit Schwanz erreicht es eine Körperlänge von bis zu 47 Zentimetern.

Südafrikanischer Springhase

18. HIRSCHMAUS
Es gibt viele Arten von Hirschmäusen, aber eine Art, *Peromyscus maniculatus*, gehört zu den anpassungsfähigsten. Ihre Nester wurden schon im Erdreich, in Baumstämmen, in verlassenen Fahrzeugen und sogar 24 Meter über der Erde in einem Baum gefunden.

19. NÖRDLICHES GLEITHÖRNCHEN
Gleithörnchen wirken am Boden etwas unbeholfen, doch sie haben die fantastische Fähigkeit, mit ausgestreckten Gliedmaßen durch die Luft zu gleiten. Dabei können sie sogar ausgezeichnet steuern und Objekten ausweichen, wenn es sein muss.

20. TASCHENRATTE
Taschenratten haben – wie ihr Name schon sagt – große Backentaschen. In diesen „Transportbehältern" bringen sie Nahrung in ihre Baue, die in einem ausgedehnten Tunnelsystem liegen.

21. NUTRIA
Die Nutria wird auch Biberratte genannt und lebt, wie der Biber, stets in Wassernähe. Sie frisst Pflanzen und Wurzeln – bis zu 25 Prozent ihres Körpergewichts pro Tag. Ursprünglich stammt die Art aus Südamerika, doch inzwischen ist sie auch in Nordamerika, Asien, Europa und Afrika anzutreffen.

22. KURZSCHWANZ-CHINCHILLA
Die Nagetiere leben in Südamerika, sind dort aber nicht mehr allzu häufig anzutreffen. Chinchillas leben meist in Gruppen. Mit ihrem dichten, kuschlig warmen Fell sind sie gut an kaltes Klima angepasst.

23. EIGENTLICHER GUNDI
Der Gundi lebt in felsigen Gegenden Nordafrikas in Felsspalten. Sein Wasser bezieht er ausschließlich aus der Nahrung – er trinkt nie! Mit borstenähnlichen Haaren an den Pfoten kämmt er sein samtig weiches Fell.

24. GROSSER PAMPASHASE
Pampashasen sehen aus wie große Hasen oder kleine Hirsche, sind aber Nagetiere. Sie kommen nur in Argentinien vor und bevorzugen Lebensräume mit vielen Büschen.

Fresno-Kängururatte

25. FRESNO-KÄNGURURATTE
Diese Art ist die kleinste der Kängururatten – sie wird nur zehn Zentimeter lang. Allerdings ist ihr Schwanz viel länger als der ganze Körper! Mit ihm hält sie das Gleichgewicht beim Springen.

26. PREVOST-HÖRNCHEN
Das hübsche Hörnchen zählt mit seinem schwarz-rotbraun-weißen Fell zu den farbenprächtigsten Nagetieren weltweit. Es gehört zur Gattung der Echten Schönhörnchen.

27. CAPYBARA
Das Capybara wird auch Wasserschwein genannt und ist das größte Nagetier der Welt: Bis zu 90 Kilogramm bringt es auf die Waage. Wenn ein Weibchen bereit zur Paarung ist, pfeift es durch die Nase, um die Männchen darüber zu informieren.

28. NACKTMULL
Der Nacktmull hat die unglaubliche Fähigkeit, bis zu 18 Minuten ohne Sauerstoff zu überleben. Das gelingt ihm, weil er dann seinen Stoffwechsel umstellt und seine Zellen mit Fruktose statt mit Sauerstoff versorgt. So etwas können sonst nur Pflanzen. Nacktmulle leben in unterirdischen Gangsystemen.

29. KAMMRATTE
Kammratten sind mit Meerschweinchen verwandt, doch anders als diese verbringen sie 90 Prozent ihres Lebens unter der Erde in ihren Bauen. Um ihr Fell von Verunreinigungen durch Erde zu säubern, benutzen sie die kammartigen Borsten an ihren Hinterpfoten.

30. STACHELSCHWEIN
Der Körper dieses unverwechselbaren Nagetiers ist an Kopf, Nacken und Rücken von langen, groben Stacheln bedeckt. Wenn Stachelschweine drohen oder sich verteidigen wollen, stellen sie ihre Stacheln auf. Kaum ein Fressfeind kann ihnen dann etwas anhaben. Nur großen Raubtieren wie Löwen, Leoparden und Hyänen gelingt es manchmal, ein Stachelschwein zu erbeuten.

ABBILDUNG 1: SINNESORGANE

Peromyscus maniculatus

Nagetiere haben scharfe Sinnesorgane. Diese haben sich so entwickelt, weil Nagetiere bei vielen anderen Tieren auf dem Speiseplan stehen.

Viele Arten in der Ordnung der Nagetiere haben große Ohren, die sie unabhängig voneinander bewegen können. Nager verfügen über ein ausgezeichnetes Gehör. Vor allem Mäuse und Ratten können extrem hohe Frequenzen wahrnehmen.

Alle Nagetiere haben Tasthaare. Sie wachsen aus einem Haarfollikel, der von einer blutgefüllten Kapsel umgeben ist. Wird ein Tasthaar berührt, drückt es gegen das Blut, ein Nervenende wird stimuliert und schickt eine Botschaft ans Gehirn. Nagetiere nutzen ihre Tasthaare, wenn sie sich nicht auf ihre Augen verlassen können, um Nahrung zu finden oder sich gefahrlos zu bewegen.

1. große Ohren
2. Augen
3. Tasthaare

Hirschmaus

ABBILDUNG 2: NAGETIERE

Stetig wachsende Schneidezähne

Nagetiere sind mit zwei Paar messerscharfer, ständig wachsender Schneidezähne ausgestattet. Die Zahnformel der Nager geht bis ins Paläozän zurück, als sie in Asien erstmals auftraten.

Die meisten Nagetiere haben bis zu 22 Zähne – oft vier Schneidezähne und zwölf Backenzähne. Zwischen Schneide- und Backenzähnen klafft das Diastema, eine große Lücke. Die beiden Schneidezahnpaare arbeiten wie eine Schere zusammen und zerkleinern das Futter so, dass es mit den Backenzähnen gekaut werden kann. Beim Nagen schieben die Nagetiere ihre Wange in die Lücke zwischen den Zähnen. So fällt alles nicht Essbare wieder hinaus, bevor es die Backenzähne erreicht.

Nagetiere müssen nagen und ihre Zähne abschleifen, damit sie nicht zu stark wachsen und sie auch scharf bleiben.

Die Kiefermuskeln unterstützen das Nagetier dabei, seine spezialisierten Zähne einzusetzen: Die Tiere bewegen den Kiefer nicht nur auf und ab, sondern auch vorwärts und rückwärts und tragen so zur Nagebewegung bei. Das hilft auch beim Schärfen der Schneidezähne – die Kiefer bewegen sich nach vorn, damit die Backenzähne nicht mit abgeschliffen werden.

Brechen einem Nagetier die Schneidezähne ab, stirbt es wahrscheinlich, weil es nicht mehr fressen kann.

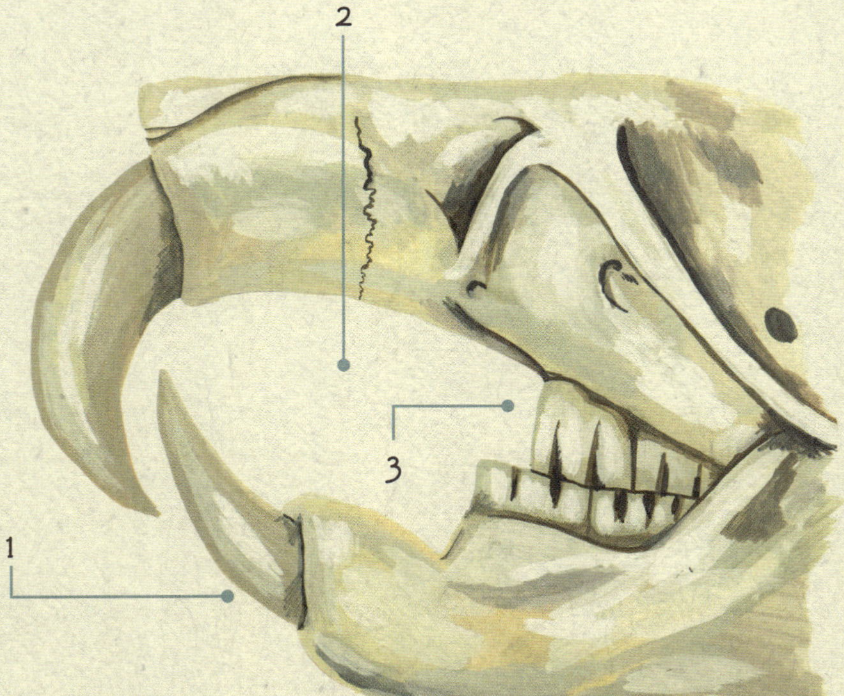

1. Schneidezähne
2. Diastema
3. Backenzähne

PASSERIFORMES

LATEIN: PASSER „SPERLING" + FORMARE „FORMEN"

Mit über 5000 Arten umfasst die Ordnung der Sperlingsvögel (Passeriformes) die Hälfte aller Vogelarten auf der Erde. Das Geheimnis ihres Erfolgs liegt hauptsächlich in einer einfachen Anpassung – der speziellen Zehenanordnung, die es den Vögeln ermöglicht, auf Baumästen, Felsen und sogar Telegrafendrähten zu sitzen. Ihre Küken sind nach dem Schlüpfen oft hilflos und blind und fordern von den Eltern großen Einsatz. Daher brauchen die Vögel ein Revier. Viele Arten sind sehr farbenprächtig. Die üppigen, leuchtenden Gefiedermuster der Männchen zeigen möglichen Partnerinnen, dass sie gesund sind. Einige, etwa die Paradiesvögel, haben prachtvolle lange Schwanzfedern und vollführen faszinierende Tänze, die wir als spektakuläres Naturschauspiel bewundern.

1. GELBKOPF-FELSHÜPFER
Gelbkopf-Felshüpfer sind monogame Vögel und legen zweimal im Jahr je zwei Eier. Sie bauen Nester aus Schlamm, meist in Höhlen.

2. SCHWARZKOPFMEISE
In kalten Nächten können diese kleinen Vögel ihre Körpertemperatur von 42 auf 30 °C herunterfahren, um Energie zu sparen. Im Winter leben sie meist in Schwärmen, in der Brutzeit verteidigen die Paare jedoch ihr Revier.

3. KANADAWALDSÄNGER
Der Kanadawaldsänger verbringt den Winter in Südamerika und zieht zum Brüten nach Nordamerika. Dort bleibt er weniger als zwei Monate – er kommt als einer der Letzten und geht als einer der Ersten.

4. RAUCHSCHWALBE
Rauchschwalben schnappen Insekten aus der Luft und fressen sie im Flug. Ihr Flug zeichnet sich durch rasche Wendungen und Sturzflüge aus; sie jagen ihre Beute von knapp über dem Boden bis in 30 Meter Höhe.

5. DIADEMHÄHER
Der dunkelblaue Vogel hat einen dunkelbraunen oder schwarzen Schopf mit weißen oder blauen Abzeichen. Neben dem Blauhäher ist der Diademhäher der einzige Häher, der sein Nest mit Schlamm baut.

6. BALTIMORETRUPIAL
Trupiale bewohnen nicht zu dichte Wälder. Das Weibchen baut sein Nest an Ästen hängend aus fest miteinander verwobenem Material aus Pflanzenfasern oder Tierhaaren.

7. PAPSTFINK
Das Männchen hat ein leuchtend buntes Gefieder: blauer Kopf, rote Brust, grüne Flügel. Das Weibchen ist etwas unauffälliger, aber immer noch leuchtend grün gefärbt.

8. SCHWARZKINNTIMALIE
Die Schwarzkinntimalie hat einen gelbbraunen Körper und unverwechselbare schwarze Abzeichen um die Augen und am Kinn. Timalien bewegen sich eher hüpfend als fliegend fort.

9. EINSIEDLERZAUNKÖNIG
Diese kleinen braun-schwarz-grau gefärbten Vögel sind in Mittel- und Südamerika von Mexiko bis nach Bolivien weit verbreitet. Ihr Markenzeichen sind die kurzen, oft steil aufwärts gerichteten Schwanzfedern.

Einsiedlerzaunkönig

Grünrücken-Nektarvogel

10. GRÜNRÜCKEN-NEKTARVOGEL
Sowohl beim Männchen als auch beim Weibchen ist der Körper gelb, aber die Männchen haben außerdem noch ein leuchtend blaues Gesicht. Die Vögel ernähren sich von Nektar, den sie im Schwebflug oder sitzend aus Blüten schlürfen.

11. AUSTRALIEN-STACHELSCHWANZFLÖTER
Dieser Vogel ernährt sich von Insekten, die er auf dem Waldboden aufspürt. Dazu scharrt er mit den Füßen im Laub und hinterlässt dabei freigescharrte Kreise auf dem Boden.

12. HAUSSPERLING
Der in Europa, im Mittelmeerraum und in Asien heimische Haussperling kommt inzwischen auch in Australien, Afrika sowie Nord- und Südamerika vor. Damit ist er vermutlich der am weitesten verbreitete Wildvogel der Welt.

1
2
3
4
5
6
7
8
9
10
11
12
13
14
15
16
17
18
19
20
21
22
23
24
25
26
27
28
29
30
31

13. RAGGI-PARADIESVOGEL
Die Männchen dieser Art aus Neuguinea sind leicht an ihren wunderschönen, wie Spitzen aussehenden, rosaroten Federn zu erkennen. Diese können bis zu 60 Zentimeter lang werden.

14. GELBBAUCH-DICKKOPF
Gelbbauch-Dickköpfe sind mit den Rabenvögeln verwandt. Sie bauen ihre Nester aus Zweigen, Gras und Rinde, die sie mit Spinnweben zusammenhalten. Männchen und Weibchen errichten das Nest gemeinsam.

15. INDIANER-GOLDHÄHNCHEN
Das Goldhähnchen singt in besonders hohen Tönen, sodass sein Lied zu den ersten Vogelgesängen zählt, die ältere Menschen nicht mehr hören können.

16. GRAUKOPFSTAR
Der Vogel ist in Südostasien weit verbreitet. Als Allesfresser ernährt er sich von Insekten, Früchten und Nektar. Graukopfstare bilden häufig sehr große Schwärme, die völlig synchron fliegen.

17. FLECKEN-PANTHERVOGEL
Dieses winzige Vögelchen wird nur zehn Zentimeter lang und wiegt rund sechs Gramm. Damit gehört es zu den kleinsten Vögeln Australiens.

18. ELFENBLAUVOGEL
Elfenblauvögel fressen hauptsächlich Früchte und gelegentlich Insekten. Sie suchen in Gruppen auf dem Waldboden nach Nahrung und zerdrücken große Früchte, um sie besser verspeisen zu können. Die Männchen haben leuchtend blaue Gefiederpartien.

19. HEIDELERCHE
Dieser Bodenbrüter lebt am liebsten in Gebieten mit niedriger Vegetation. Dort findet er gute Deckung zum Nisten und reichlich Nahrung.

20. CAROLINAKLEIBER
Wie die anderen Kleiber nistet auch der Carolinakleiber in Baumhöhlen. Manchmal schmiert er sogar Insekten um den Eingang, um Eichhörnchen zu vertreiben! Das Weibchen brütet bis zu neun Eier aus – ganz allein.

Opalscheitelpipra

21. OPALSCHEITELPIPRA
Der Opalscheitelpipra hat einen grünen Körper und einen weißen, schillernden Fleck auf dem Scheitel. Er lebt am Amazonas in Brasilien.

22. ZÜGELMEISE
Außerhalb der Brutzeit hält sich die Zügelmeise oft in Gruppen mit anderen Vogelarten wie Meisen, Grasmücken, Kleibern und Baumläufern auf.

23. GELBKEHLVIREO
Der Gelbkehlvireo baut sein Nest in eine kleine Astgabel an einem Baum. Es besteht aus Rinde, trockenen Gräsern, Kiefernnadeln und Blättern. Es wird von Spinnweben zusammengehalten und hängt zwischen den Zweigen nach unten.

24. BERGDRONGO-SCHNÄPPER
Dieser lebhafte afrikanische Vogel brütet im Norden und zieht dann in den Süden, um der Kälte aus dem Weg zu gehen. Er frisst Insekten, die er – wie alle Fliegenschnäpper, mit denen er verwandt ist – im Flug fängt.

25. SEIDENSCHWANZ
Am liebsten frisst der Seidenschwanz Vogelbeeren. Der Stoffwechsel des Vogels kann den Alkohol verarbeiten, der sich in gärenden Früchten entwickelt, manchmal wird er aber dennoch etwas betrunken!

Seidenschwanz

Rotkehlchen

26. ROTKEHLCHEN
Der kleine Vogel ist sofort an seiner orangefarbenen Brust, dem braunen Körper und dem weißen Bauch zu erkennen. Die Männchen verteidigen erbittert und teilweise aggressiv ihr Revier; gleichzeitig haben sie relativ wenig Scheu vor Menschen und gehen oft in Gärten auf Nahrungssuche.

27. EINSIEDLERDROSSEL
Die Einsiedlerdrossel ist je nach Jahreszeit in verschiedenen Teilen Nordamerikas zu finden. Östlich der Rocky Mountains nistet sie meist am Boden, weiter im Westen in Bäumen.

28. ROTKARDINAL
Diese Singvögel zeigen ein starkes Territorialverhalten, indem sie ihr Revier durch Gesänge markieren. Sie bleiben lebenslang mit einem Partner zusammen; das Männchen bringt dem Weibchen in der Regel Nistmaterial, das dieses dann verbaut.

29. AMERIKANERKRÄHE
Die Amerikanerkrähe gehört zu den wenigen Vögeln, die Werkzeuge benutzen, um an Nahrung zu kommen. Die Krähen wurden schon dabei beobachtet, wie sie mit Stöcken Nahrung aus tiefen Löchern gruben.

30. PALLASWASSERAMSEL
Die braune Wasseramsel watet in flache Bäche und pickt kleine Tierchen vom Grund auf. Erwachsene Vögel tauchen auch in etwas tieferen Bächen nach größeren Tieren.

31. HÜTTENGÄRTNER
Der Hüttengärtner baut kein Nest, sondern eine sogenannte Laube: einen kegelförmigen, hüttenähnlichen Bau mit einem Eingang und einem „Vorgarten“. Diesen schmückt er mit Beeren, Blüten, Steinen, Blättern und sogar schillernden Käferpanzern.

ABBILDUNG 1: FUSSFORM DER SPERLINGSVÖGEL

Anisodactyle Zehenanordnung

Sperlingsvögel entstanden vor rund 55 Millionen Jahren, verbreiteten sich über die ganze Welt und wurden bald zu einer der vielfältigsten aller Vogelgruppen. Jede der 5000 Arten der Ordnung Passeriformes hat eine ganz bestimmte Fußform: Drei Zehen zeigen nach vorn, eine nach hinten. Diese Zehenanordnung wird anisodactyl genannt und ermöglicht dem Vogel das Sitzen auf Ästen und dünnen Zweigen, aber auch an senkrechten Oberflächen wie Baumstämmen.

In den Füßen befinden sich wenige Nerven und Blutgefäße; die Vögel können daher – auch auf kalten Ansitzen und auf Telegrafendrähten landen, selbst wenn es friert.

Damit sie im Schlaf nicht vom Ast fallen, spannen sich besondere Beugesehnen in ihren Beinen – ihre Zehen sind dann blockiert und lockern den festen Griff nicht. So fixiert bleiben sie, bis der Vogel seine Beine streckt.

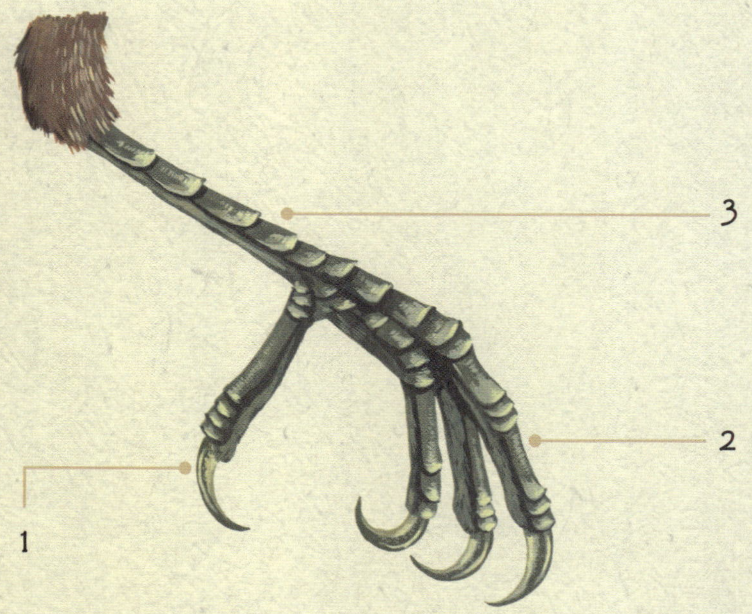

Wie die meisten anderen Vögel gehen auch die Sperlingsvögel auf den Zehen und nicht auf dem ganzen Fuß.

1. eine nach hinten zeigende Zehe
2. drei nach vorn zeigende Zehen
3. Laufknochen

ABBILDUNG 2: SINGVÖGEL

Unterordnung Oscines

Die meisten Sperlingsvögel geben Laute von sich und fast alle singen sogar, was ihnen auch den Namen Singvögel einbrachte. Die Singvögel sind in der Unterordnung Oscines zusammengefasst. Ihr Stimmapparat entwickelte sich auf besondere Weise so, dass sie komplizierte Tonfolgen singen können.

Die Singvögel nutzen den Gesang für vielerlei Zwecke. Mit ihren Liedern teilen sie anderen Vögeln mit, wo sie sich befinden, und so signalisieren sie auch ihre Paarungsbereitschaft. Ob sich ein Weibchen für ein Männchen entscheidet, wird stark davon beeinflusst, welche Gesänge es zum Besten gibt. Für viele Arten gilt: Je mehr Lieder ein Männchen beherrscht, desto mehr Weibchen kann es anlocken.

Nur wenige Vogelarten, die nicht zur Ordnung der Sperlingsvögel gehören, haben gut entwickelte Gesänge. Diese dürfen jedoch nicht mit Rufen verwechselt werden. Alle Vogelarten verfügen über spezielle Rufe, mit denen sie warnen oder Kontakt zu Artgenossen herstellen.

Von links: Indianergoldhähnchen, Gelbbauch-Dickkopf, Bergdrongoschnäpper, Einsiedlerdrossel, Schwarzkopfmeise

1
2
3
4
5
6
7
8
9
10
11
12
13
14
15
16
17
18
19
20
21
22
23
24
25
26
27
28
29
30
31

STRIGIFORMES

LATEIN: STRIG (STRIX) „EULE“ + FORMARE „FORMEN“

Von den rund 200 Eulenarten, die es heute noch gibt, sind die meisten einzelgängerische Jäger, die sich aus der Luft auf ihre ahnungslose Beute stürzen. Alle haben große Augen für die Beutesuche und Handschwingen mit kammförmigen Kanten zum lautlosen Fliegen. Die Eulen in der Ordnung Strigiformes gehören zu den Vogelordnungen mit der größten Verbreitung: Sie leben auf jedem Kontinent außer in der Antarktis. Die meisten Eulen sind nachtaktive Beutegreifer und ernähren sich hauptsächlich von Nagetieren. Einige Arten wie die Serendib-Zwergohreule *(Otus thilohoffmanni)* auf der Insel Sri Lanka fressen auch Käfer und Regenwürmer. Die meisten Eulen leben in Bäumen, einige Arten haben sich aber an Grasland und Prärien angepasst, wie beispielsweise der Kaninchenkauz *(Athene cunicularia)*.

1. SCHLEIEREULE
Die Schleiereule fliegt fast völlig lautlos – so hört sie noch die kleinsten Geräusche ihrer Beute auf dem Waldboden. Sie frisst Wühlmäuse, Ratten, Mäuse und andere kleine Nager.

2. GNOMEN-SPERLINGSKAUZ
Der kleine Kauz stellt bei Bedrohung ein Paar Federohren an den Kopfseiten auf. So will er größer und gefährlicher wirken, um den möglichen Angreifer einzuschüchtern und zu vertreiben.

3. RIESENKAUZ
Riesenkäuze leben dauerhaft in Paaren zusammen. Angeblich legen die Weibchen in der Brutzeit ihre Eier jedes Jahr fast genau am gleichen Tag. Das Weibchen brütet allein und wird vom Männchen mit Futter versorgt.

4. VIRGINIA-UHU
Die Fleischfresser verschlingen fast alles, was kleiner ist als sie und sich bewegt – Hasen, Mäuse, Enten, Eichhörnchen, Fledermäuse, Wiesel und mehr. Manchmal fressen sie auch Aas.

5. HAUBENKAUZ
Wie viele Eulen ist der in Mittel- und Südamerika verbreitete Haubenkauz ein Höhlenbrüter. Er lebt in Baumhöhlen, Baumstümpfen, Höhlen und manchmal sogar auf Dachböden!

6. SERENDIB-ZWERGOHREULE
Die Zwergohreule frisst Insekten wie Käfer und Nachtfalter, aber auch Regenwürmer. Sie jagt nachts in den ersten beiden Stunden der Dunkelheit und bleibt dabei knapp über dem Boden.

7. ELFENKAUZ
Der winzige Kauz ist nicht aggressiv und fliegt lieber davon, als zu kämpfen. Er richtet sich in verlassenen Spechthöhlen in Säulenkakteen ein. Spürt ihn ein Angreifer auf, stellt er sich tot und wartet, bis die Gefahr vorüber ist.

8. RUSSEULE
Diese mit Schleiereulen verwandte Art hat einen unverwechselbaren, schauerlichen Ruf: ein langgezogenes Pfeifen, das in der Tonhöhe abfällt. Manche sagen, er erinnert an das Geräusch einer fallenden Bombe.

9. MASKENEULE
Die Maskeneule sitzt normalerweise nicht höher als zwei Meter über dem Waldboden auf ihrem Ansitz. Von dort aus stürzt sich die typische Lauerjägerin auf ihre Beute.

10. PERUANERKAUZ
Der Peruanerkauz gehört zu den kleinsten Eulen – er wird nur 15 Zentimeter groß. Um Schnabel und Augen trägt er charakteristische lange Federbüschel.

Pagodenkauz

11. PAGODENKAUZ
Der Pagodenkauz hat ein großes Verbreitungsgebiet in Südostasien, kommt aber nicht besonders häufig vor. Tagsüber sitzt er auf hohen Bäumen, meist dicht am Stamm, nachts geht er auf die Jagd nach Ratten, Mäusen und Insekten.

12. BARTKAUZ
Die größte (aber nicht die schwerste) Eulenart der Welt hat ein ausgezeichnetes Gehör. Sie spürt sogar Beutetiere auf, die sich unter einer 60 Zentimeter dicken Schneedecke bewegen.

13. BLEWITT-KAUZ
Diese sehr seltene Eulenart lebt nur in den Wäldern Indiens. Sie galt schon als ausgestorben und wurde erst 1997 wiederentdeckt. Anders als die meisten Eulen geht der Blewitt-Kauz tagsüber auf Futtersuche.

Kubaeule

14. KUBAEULE
Diese kleine, nur auf Kuba vorkommende Eule hat im Gegensatz zu den meisten ihrer Verwandten nackte, unbefiederte Beine.

15. BRILLENKAUZ
Der Brillenkauz heißt so, weil er aussieht, als trüge er eine Brille. Er hat einen braunen Körper, eine helle Brust und ein dunkelbraunes Gesicht mit weißen Augenbrauen und leuchtend orangegelben Augen.

16. WALDKAUZ
Waldkäuze haben besonders weiche, feine Fransen an den Federn, damit sie sich lautlos auf ihre Beute stürzen können. Ihre Flügel sind relativ kurz und breit. So können sie leichter durch die Bäume steuern.

17. HALSBAND-ZWERGOHREULE
Die nachtaktiven Jäger sind klein; sie werden höchstens 25 Zentimeter lang und wiegen nur 170 Gramm – weniger als eine halbe Konservendose.

18. STREIFENKAUZ
Der Streifenkauz versteckt sich tagsüber im dichten Laub. Sein größter Feind ist der Virginia-Uhu; hält sich einer in der Nähe auf, sucht sich der Streifenkauz oft ein neues Revier.

19. PONDEROSAEULE
Diese Art gehört zu den kleinsten Eulen. Sie wird nur 15 Zentimeter lang und 65 Gramm schwer. Auffallend sind ihre flammenähnlichen Abzeichen im Gesicht.

20. SCHREIEULE
Schreieulen nisten meist am Boden in niedrigen Büschen und Gräsern. Teilweise kehren sie mehrere Jahre hintereinander ins selbe Nistgebiet zurück.

21. OST-KREISCHEULE
Die Ost-Kreischeule hat einen graugrünen Schnabel, die West-Kreischeule dagegen einen grauschwarzen. So lassen sich diese sehr ähnlichen Arten gut auseinanderhalten.

22. NEBELWALD-SPERLINGSKAUZ
Der kleine Kauz hat zwei dunkle Flecken am Hinterkopf. Diese „falschen Augen" sollen größeren Vögeln und möglichen Fressfeinden den Eindruck vermitteln, dass der Kauz sie sieht.

23. SALOMONENEULE
Die Salomoneneule steht in ihrem Gebiet am Ende der Nahrungskette, sie muss also keine natürlichen Feinde fürchten. Dennoch ist die Art gefährdet – durch beständiges Abholzen ihres Lebensraums.

24. KAPOHREULE
Die mittelgroßen Eulen haben dunkle Augenringe und sehr kleine Federohren. Das Männchen besetzt ein Revier, indem es darüberfliegt, seine Flügel aneinanderklatscht und krächzt.

25. SÄGEKAUZ
Der kleine Sägekauz hat ein äußerst fein ausgeprägtes Gehör. Damit kann er seine Beute so präzise orten, dass er sogar in der Lage ist, in vollkommener Dunkelheit zu jagen.

26. KANINCHENKAUZ
Kaninchenkäuze leben in den Graslandschaften Nord- und Südamerikas. Sie ruhen und nisten in Erdbauten, die zum Beispiel von Präriehunden angelegt wurden. Wo geeignete Bauten fehlen, graben die Käuze sie selbst. Mit ihren langen Beinen können sie sowohl im Laufen als auch im Flug jagen.

Kaninchenkauz

Nepaluhu

27. NEPALUHU
Ganz typisch für den Nepaluhu sind seine sehr langen Federohren. Er lebt auf Sri Lanka und ist für seinen seltsamen, fast menschlich klingenden Ruf bekannt. Er passt auch auf die Beschreibung des legendären „Teufelsvogels", dessen Ruf einem Aberglauben zufolge den Tod ankündigen soll.

28. SCHNEE-EULE
Die große, unverwechselbare Schnee-Eule wird bis zu 70 Zentimeter lang und hat eine Flügelspannweite von 150 Zentimetern. Das Männchen ist ganz weiß, das Weibchen weiß mit schwarzen Flecken.

29. NORDBÜSCHELEULE
Dieser Vogel ist ein Meister der Tarnung. Bei einer Begegnung mit einem Fressfeind spreizt er seine Flügel, um größer auszusehen. Steht er einem wesentlich größeren Tier gegenüber, verdreht er seinen Körper so, dass er optisch mit der Umgebung verschmilzt.

30. SPERBEREULE
Die tagaktive Sperbereule jagt Lemminge und Wühlmäuse. In der Brutzeit zeigt das Männchen dem Weibchen mehrere Nistplätze, von denen sich das Weibchen einen aussucht. Ihren Namen erhielt die Eule wegen ihrer Ähnlichkeit mit dem Sperber: Beide Vögel haben eine helle Bauchseite mit quer verlaufenden dunklen Bändern.

31. SUMPFOHREULE
Die Sumpfohreule findet sich auf jedem Kontinent außer der Antarktis und Australien. Sie ist gut an den kleinen Federbüscheln am Kopf zu erkennen, die wie Ohren aussehen.

ABBILDUNG 1: SCHÄDEL EINES VIRGINIA-UHUS

Bubo virginianus

Eulen haben nach vorn gerichtete Augen, einen habichtartigen Schnabel und auffällige Federkreise um die Augen. Wie viele andere Tiere können sie räumlich sehen, aber sie sind nicht in der Lage, ihre Augen in den Augenhöhlen zu bewegen.

Eulenaugen sind so groß, dass sie bis zu fünf Prozent ihres gesamten Körpergewichts ausmachen. Sie werden durch knöcherne Ringe, die sogenannten Skleralringe, im Schädel gehalten – deswegen kann eine Eule ihre Augen auch nicht bewegen. Um das auszugleichen, haben Eulen eine erstaunliche Fähigkeit entwickelt. Sie können ihren Kopf fast einmal ganz herumdrehen.

Eulen sehen zwar unglaublich weit in die Ferne, ihre Nahsicht jedoch ist beschränkt. Passiert etwas unmittelbar vor ihrem Schnabel – zum Beispiel das Füttern der Küken –, so gebrauchen sie ihre Vibrissen. Das sind flexible Tastborsten am Schnabel, mit denen sie tasten können.

Virginia-Uhu

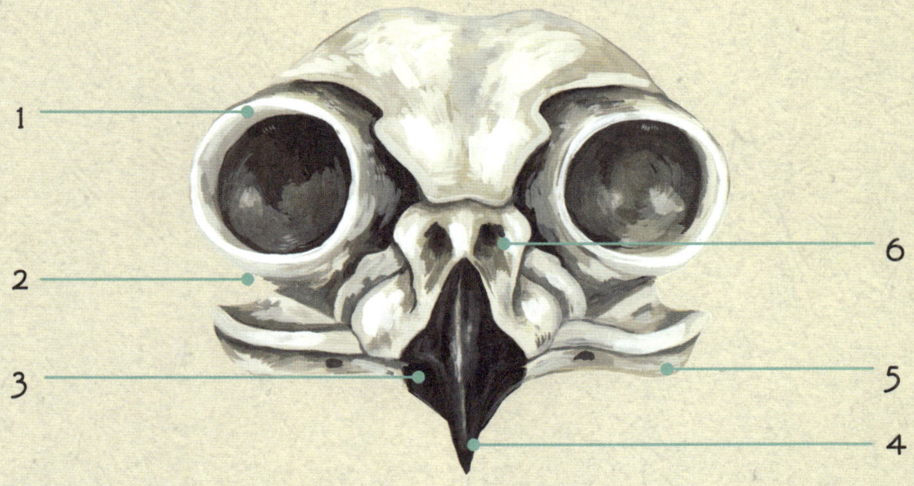

1. Skleralring
2. Jochbogen
3. Nasenöffnung
4. Schnabel
5. Unterkiefer
6. Infraorbitalkanal

ABBILDUNG 2: WEIT DREHBARER KOPF DER SCHNEE-EULE

Bubo scandiacus

Eulen können ihren Kopf um 270 Grad auf dem Hals drehen, womit sie die geringe Beweglichkeit ihrer Augen ausgleichen. Um das zu ermöglichen, hat der Körper einer Eule gleich mehrere spezielle Anpassungen entwickelt.

So haben Eulen etwa 14 Halswirbel – bei uns Menschen sind es nur sieben. Ihr Hals ist daher viel beweglicher. Auch ihr Kreislaufsystem ist darauf eingerichtet, dass die Eule ihren Kopf drehen kann, ohne die Blutzufuhr zum Gehirn zu unterbrechen. Gewebe und Blutgefäße sind dehnbar, damit sie nicht reißen, wenn die Eule den Kopf weit dreht.

Hinzu kommt, dass Eulen über nur ein Kopfgelenk – ein Gelenk am Hinterkopf zwischen Schädelbasis und erstem Halswirbel – verfügen. Menschen haben zwei davon. Das Gelenk sitzt oben an der Wirbelsäule und trägt auch dazu bei, dass Eulen ihren Kopf so weit herumdrehen können.

Wenn die **Schnee-Eule** ihren Kopf dreht, kann sie im Umkreis von 270 Grad ihre Umgebung überblicken.

GALLIFORMES

LATEIN: GALLUS „HAHN“ + FORMARE „FORMEN“

Mit ihren muskulösen Beinen, den scharfen Krallen und ihrer Fähigkeit, laut und misstönend zu kreischen, sorgen die Hühnervögel in der Ordnung Galliformes für einen bleibenden Eindruck. Meistens leben sie im Wald auf dem Boden oder im Grasland. Viele Pflanzen sind davon abhängig, dass die Hühnervögel durch ihren Kot die Samen verteilen. Besonders berühmt sind die Hühnervögel für das Verhalten der Männchen zur Balzzeit: Mit auffälligen Kopf- und Schnabellappen demonstrieren sie den Weibchen in der Nähe ihre Fähigkeit zur Fortpflanzung. Einige Arten wie der Ährenträgerpfau *(Pavo muticus)* gehören zu den am reichsten verzierten Vögeln. Die kurzen Flügel der Hühnervögel taugen nur für kurze Flüge, daher verlegen sich die Tiere meist eher auf das Gehen und Laufen.

1. GABELSCHWANZHUHN
Der Hahn hat leuchtend grüne Schwanzfedern und einen schwarzen, schillernden Körper. Das Weibchen ist überwiegend braun mit einigen grünen Federn.

2. HORNHOKKO
Dieser stark bedrohte Vogel verdankt seinen Namen dem langen, blauen Horn auf seiner Stirn. Welchen Zweck dieser bizarre Kopfschmuck hat, darüber wird seit Langem gerätselt.

3. PFAUENTRUTHUHN
Der Vogel sieht mehr wie ein Pfau aus als wie das Truthuhn, das wir alle kennen. Er ist leuchtend bunt gefärbt und das Männchen trägt keinen „Bart“ wie die meisten Truthähne.

4. STRAUSSWACHTEL
Sowohl das Männchen als auch das Weibchen haben einen roten Ring um das Auge, auch wenn sie sonst ganz unterschiedlich gefärbt sind. Das Männchen ist schwarz mit schillernden Federn und das Weibchen olivgrün mit schwarzen Flügeln. Straußwachteln gehören zur Familie der Fasane.

Straußwachtel

Kalifasan

5. KALIFASAN
Kalifasane stammen aus Südasien, wurden aber auch auf Big Island auf Hawaii eingeführt. Sie leben in tropischen und subtropischen Wäldern.

6. BUSCHHUHN
Diese Art aus der Familie der Großfußhühner brütet ihre Eier in einem großen Hügel aus Erde und Pflanzenmaterial aus. Das Männchen hält die Eier bei einer konstanten Temperatur von 33 bis 38 °C, indem es seinen Schnabel in die Erde steckt, um die Temperatur zu prüfen. Anschließend fügt es Erde und Blätter hinzu oder scharrt Material weg.

7. GEIERPERLHUHN
Mit seinem kahlen Kopf sieht dieses afrikanische Perlhuhn einem Geier sehr ähnlich. Es ernährt sich jedoch von Samen, Insekten und kleinen Spinnen und nicht wie der Geier von Aas.

8. CHUKARHUHN
Bevor sie fliegen können, üben die Küken dieser Art, indem sie mit ausgebreiteten Flügeln steile Hänge hinauflaufen. Dieses Verhalten könnte zeigen, wie die Vögel einst das Fliegen lernten.

9. GOLDFASAN
Der leuchtend bunte Goldfasan stammt ursprünglich aus China, ist heute jedoch auch in Großbritannien und Irland, den USA, Südamerika, Frankreich und Deutschland zu finden.

10. REBHUHN
Das Rebhuhn frisst hauptsächlich Samen. Die Mutter sucht in den ersten zehn Lebenstagen ihrer Küken jedoch mit ihnen nach Insekten, um sie mit Protein zu versorgen.

11. REINWARDTHUHN
Das Weibchen muss sich sehr anstrengen und ausreichend Nahrung aufnehmen, damit es ein Ei produzieren kann. Dieses ist sehr groß und macht mehr als 20 Prozent seiner Körpermasse aus. Alle 9 bis 20 Tage wird ein Ei gelegt.

Reinwardthuhn

1
2
3
4
5
6
7
8
9
10
11
12
13
14
15
16
17
18
19
20
21
22
23
24
25
26
27
28
29
30
31

12. FASAN
Fasanmännchen erkennt man sofort an ihrem unverwechselbaren weißen Ring um den Hals. Sie stammen aus Asien, wurden jedoch auf der ganzen Welt für die Jagd eingeführt. Ihr Fleisch ist äußerst schmackhaft.

13. BLAUER PFAU
Das Männchen dieser bekannten Art hat einen leuchtend blauen Körper und ist vor allem für seine prächtigen Schwanzfedern mit den bunten Augenflecken bekannt. Die Weibchen sind deutlich schlichter gefärbt und haben viel kürzere Schwanzfedern.

14. BRAUNFLÜGELGUAN
Bei Gefahr läuft dieser Vogel meist davon oder springt und gleitet durch Büsche und Bäume.

15. PRÄRIEHUHN
Das Präriehuhn wäre in den 1930er-Jahren fast ausgestorben, weil es von Menschen gejagt wurde und sein Lebensraum immer mehr schrumpfte. Heute hat sich der Bestand etwas erholt, das Huhn gilt aber immer noch als gefährdet.

16. HELMPERLHUHN
Diese großen Vögel sind nach ihrem federlosen, helmartigen Kopf benannt. Sie fliegen selten, legen aber auf Nahrungssuche bis zu zehn Kilometer Fußmarsch pro Tag zurück.

17. MOORSCHNEEHUHN
Im Winter trägt diese nordamerikanische Vogelart ein schneeweißes Federkleid. So ist das Tier gut getarnt, wenn es zu Fuß im Schnee unterwegs ist.

18. TUBERKELHOKKO
Das Männchen hat eine unverkennbare lockige Haube auf dem Kopf. Die Weibchen kommen in drei Farbschlägen vor: gebändert, braun und schwarz.

19. HAMMERHUHN
Das Hammerhuhn wird auch Maleo genannt. Es legt seine Eier einzeln in tiefe Löcher, bedeckt sie jeweils sorgfältig mit Erde und überlässt sie dann sich selbst. Die Küken sind beim Schlüpfen voll entwickelt. Sie graben sich selbst aus dem Erdloch und können sofort fliegen und Nahrung suchen.

Gelbkehlfrankolin

20. GELBKEHLFRANKOLIN
Der afrikanische Vogel hat einen gelben Fleck am Hals und einen roten Augenfleck. Seine Nahrung besteht aus Insekten, nach denen er in Erde und Dung scharrt.

21. SATYRTRAGOPAN
Das Tragopanmännchen hat einen schwarzen Körper und einen leuchtend roten Kopf. In der Balz wachsen ihm außerdem blaue „Hörner" und ein Kehllappen.

22. PALAWAN-PFAUFASAN
Wie bei vielen anderen Vögeln sehen Männchen und Weibchen dieser Art sehr unterschiedlich aus. Das Weibchen ist überwiegend braun mit einem weißen Gesicht. Das Männchen hat schwarze und leuchtend blau schillernde Federn und blaugrüne Augenflecken.

23. TANNENHUHN
Das Tannenhuhn verlässt sich auf seine Tarnung, um sich vor Angreifern zu schützen. Es bleibt zunächst völlig reglos sitzen und lässt den Fressfeind so nah herankommen, bis er es fast berühren kann. Erst dann ergreift es die Flucht – in letzter Sekunde.

24. HIMALAYA-GLANZFASAN
Der Himalaya-Glanzfasan ist wegen seiner prächtig bunten und metallisch schillernden Federn stark durch Wilderei gefährdet. Früher war vor allem seine hübsche Federhaube begehrt, die sich die Einheimischen als Statussymbol an ihre Hüte steckten.

25. BERGWACHTEL
Bergwachteln suchen mit verschiedenen Techniken nach Nahrung: Sie picken auf dem Boden nach Körnern, graben mit den Füßen nach Knollen und springen in die Höhe, um an Beeren und Samen zu gelangen.

Prälatfasan

26. PRÄLATFASAN
Das Männchen ist bekannt für seinen langen Federschopf. Wenn der Vogel erregt ist, stellt er ihn auf.

27. SICHELGUAN
Dieser stille Vogel hat ein unverwechselbares blaues Gesicht. Guane leben in kleinen Gruppen in Südamerika und ernähren sich von Samen und Nüssen.

28. BANKIVAHUHN
Das Bankivahuhn gilt als Vorfahre des Haushuhns. Es wurde vor mindestens 5000 Jahren in Südasien domestiziert. Heute zählen Hühner zu den wichtigsten Fleischlieferanten des Menschen.

29. TRUTHUHN
Truthühner stoßen eine ganze Reihe unterschiedlicher Rufe und Laute aus. Ihr bekanntes Kollern ist bis zu 25 Meter weit zu hören. Zur Paarungszeit stößt der Hahn einen besonderen Balzruf aus, um Weibchen anzulocken. Dabei stellt er seine aufgefächerten Schwanzfedern auf und versucht so, die Weibchen zu beeindrucken.

30. SCHOPFWACHTEL
Beide Geschlechter tragen eine nach vorn fallende Federhaube auf dem Kopf, die wie ein Komma geformt ist. Schopfwachteln leben in großen Gruppen und suchen am Boden nach Nahrung.

31. ÄHRENTRÄGERPFAU
Der Ährenträgerpfau ist der nächste Verwandte des Pfaus. Anders als bei anderen Pfauen sehen sich Männchen und Weibchen sehr ähnlich, allerdings fehlen den Weibchen die prächtigen Schwanzfedern.

ABBILDUNG 1: DIE DOMESTIZIERUNG DER HÜHNER

Haus- und Truthühner

Hühnervögel bilden einen uralten Zweig am Stammbaum der Vögel. Viele haben einen großen Körper, können nicht gut fliegen und stehen auf muskulösen, schuppigen Beinen. Sie bewohnen Felder und Waldböden und dienen dem Menschen oft als Nahrung.

Einige Arten wurden schon vor Tausenden von Jahren domestiziert und haben eine besondere Beziehung zu den Menschen. Sie sind fast überall auf der Erde zu finden. Als erster Hühnervogel wurde das Bankivahuhn vor mehr als 5000 Jahren in Südasien domestiziert.

Bestimmte Hühnervögel wie Haushühner, Truthühner und einige andere Arten werden seit langer Zeit von Menschen gehalten, die ihre Eier essen und die Küken aufziehen, um sie später ebenfalls zu essen.

Bankivahahn

Eier

Küken

Erwachsenes Huhn

ABBILDUNG 2: GESCHLECHTSDIMORPHISMUS

Pavo cristatus

Von Geschlechtsdimorphismus spricht man, wenn sich Männchen und Weibchen einer Art im Aussehen deutlich voneinander unterscheiden, zum Beispiel in Größe und Farbe. In vielen Ordnungen ist das ein häufiges Phänomen; bei den Hühnervögeln sind die Unterschiede zwischen Männchen und Weibchen besonders spektakulär.

Männliche Hühnervögel sind bekannt für die Techniken, mit denen sie um Weibchen werben. Viele machen Lärm, kreischen und kollern, manche vollführen einen speziellen Balztanz und einige, wie der Blaue Pfau *(Pavo cristatus)*, lenken mit leuchtend bunten Hauben und langen Schwanzfedern die Aufmerksamkeit der Damen auf sich.

Der Blaue Pfau gehört zu den dramatischsten Beispielen für den Geschlechtsdimorphismus: Das Weibchen ist viel schlichter gefärbt und trägt auch keine Schleppe aus langen Schwanzfedern.

Blauer Pfau – Weibchen und Männchen

1
2
3
4
5
6
7
8
9
10
11
12
13
14
15
16
17
18
19
20
21
22
23
24
25
26
27
28
29
30
31

PERCIFORMES

LATEIN: PERCA (PERCI) „BARSCH" + FORMARE „FORMEN"

Von allen Wirbeltierordnungen (Tieren mit Wirbelsäule) herrscht bei den Barschartigen (Ordnung Perciformes) die größte Vielfalt: Sie zählen mehr als 10 000 Arten. Ihr Größenspektrum reicht von der winzigen Art *Schindleria brevipinguis*, die kaum so groß ist wie ein Reiskorn, bis zum Blauen Marlin (*Makaira nigricans*) mit über vier Meter Körperlänge. Alle Barschartigen haben eine Gemeinsamkeit: zwei getrennte Rückenflossen und eine Afterflosse, deren vorderer Teil von beweglichen Stachelstrahlen gestützt werden. Ihre Vertreter kommen in jedem Wasserlebensraum der Erde vor, selbst in den Polarregionen und der Tiefsee. Es gibt sogar Barschartige wie den Afrikanischen Schlammspringer (*Periophthalmus barbarus*), die aus dem Wasser klettern und auf Bäumen leben können.

1. SPEERFISCH
Der Fisch lebt im Pazifischen und Indischen Ozean und wird zwei Meter lang und 52 Kilogramm schwer. Man schätzt, dass er nicht älter als fünf Jahre wird.

2. *RASTRELLIGER FAUGHNI*
Diese Makrelenart, die keinen deutschen Artnamen hat, lebt in großen Schwärmen und ernährt sich in erster Linie von Plankton.

3. GROSSER BARRAKUDA
Der stattliche Fisch hat kräftige Kiefer. Seine Beute greift er blitzschnell aus dem Hinterhalt an und schnappt sie mit seinen großen, scharfen, aus dem Maul ragenden Zähnen.

4. FLUSSBARSCH
Der Flussbarsch hat einen gelblichen Körper mit olivgrünen Streifen. Er lebt in Schwärmen und hält sich am liebsten zwischen Wasserpflanzen auf, wo er dank der Streifen bestens getarnt ist.

5. INDISCHER GLASBARSCH
Sein Name ist Programm: Der Körper des Glasbarsches ist ganz durchsichtig. Deshalb kann man auch seine Gräten und Organe von außen erkennen!

Indischer Glasbarsch

Buckel-Schnapper

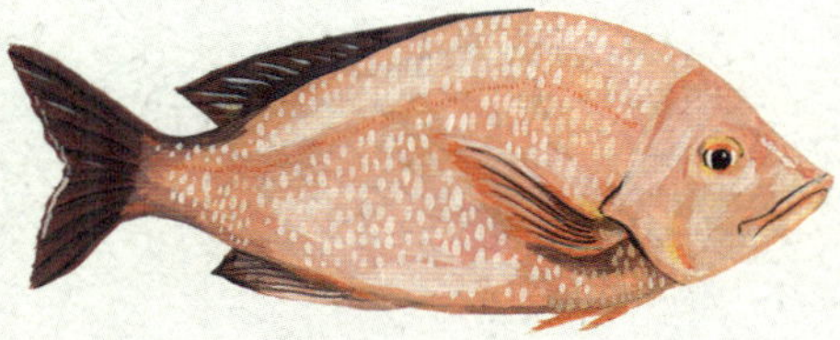

6. BUCKEL-SCHNAPPER
Sein Buckel verhalf diesem Fisch zu seinem Namen. Er lebt in Korallenriffen und wird bis zu 50 Zentimeter lang. Um Augen, Kiemen und Maul ist er gelb gefärbt.

7. *ANTIGONIA CAPROS*
Dieser rosarot gefärbte Fisch lebt am Meeresgrund in Tiefen von bis zu 300 Metern. Dort findet er seine Leibspeise: kleine Schalentiere.

8. FALSCHER CLOWNFISCH
Je nach Herkunft präsentiert sich der Clownfisch in verschiedenen Mustern. Es gibt ihn in Schwarz, Orange oder Rötlichbraun mit weißen Streifen.

9. *GIRELLA FIMBRIATA*
Die Weibchen dieser Fischart legen ihre Eier während dem Schwimmen ab und lassen sie frei im Wasser treiben, ohne sich weiter um sie zu kümmern.

10. HALFTERFISCH
Er wird leicht mit dem Schwarm-Wimpelfisch verwechselt, weil beide einen gestreiften Körper und eine fahnenartige Rückenflosse haben. Der Halfterfisch ist an seiner schwarzen, dreieckigen Schwanzflosse zu erkennen.

11. GEFLECKTER KORALLENWÄCHTER
Der Korallenwächter hat einen weißen Körper mit orangefarbenen Flecken. Er hält sich besonders gern dicht bei Korallenstöcken auf – daher kommt auch sein Name. Für gewöhnlich ist er im Pazifischen Ozean zu finden.

12. SCHÜTZENFISCH
Der Schützenfisch zeichnet sich durch seine äußerst trickreiche Jagdtechnik aus: Mit einem gezielten Wasserstrahl schießt er Insekten in bis zu 1,5 Meter Entfernung von einem über dem Wasser hängenden Blatt oder Ast. Die Beute fällt ins Wasser, wo der Fisch sie sofort aufschnappt.

13. ZWERGFADENFISCH
Dieser farbenprächtige Fisch gehört zur Gruppe der Labyrinthfische. Er hat ein spezielles Organ – das Labyrinthorgan –, mit dem er Luft außerhalb des Wassers atmen kann. Das ist zum Beispiel sehr nützlich, wenn das Gewässer, in dem der Fisch lebt, wenig Sauerstoff enthält – etwa warme Teiche.

Geringelter Zwerglippfisch

14. *MENE MACULATA*

Diese Art ist der einzige noch lebende Vertreter seiner Gattung und Familie. Alle anderen seiner Verwandten sind ausgestorben.

15. GERINGELTER ZWERGLIPPFISCH

Anders als andere Lippfische hat dieser bunte Fisch senkrechte weiße Streifen am Körper und keine waagerechten.

16. GROSSAUGENBARSCH

Die nachtaktiven Fische können ihre Farbe von leuchtend Rot zu Rot mit silbernen Flecken ändern. Mit ihren großen Augen sehen sie sogar im Dunklen noch sehr gut.

17. ARABISCHER DOKTORFISCH

Doktorfische verdanken ihren Namen den rasiermesserscharfen, skalpellartigen Schuppen am Schwanzstiel. Mit diesen Waffen können sie nach anderen Fischen schlagen oder sich gegen Angreifer verteidigen.

18. FEUER-SCHWERTGRUNDEL

Dieser Fisch bewohnt Baue im oberen Teil von Außenriffhängen. Nach dem Ablaichen trägt das Männchen die Eier im Maul, bis die Jungen schlüpfen. In dieser Zeit frisst es natürlich nichts.

19. AFRIKANISCHER SCHLAMMSPRINGER

Schlammspringer können das Wasser verlassen und – auf ihren Brustflossen „gehend" – Schlamminseln überqueren. Zum Atmen schließen sie als Sauerstoffvorrat Wasser in ihren Kiemenkammern ein.

20. GOLDMAKRELE

Der stattliche Fisch kann über zwei Meter lang und bis zu 40 Kilogramm schwer werden. Er heißt auch Mahi Mahi, das ist hawaiianisch und bedeutet „sehr stark".

21. PANAMA-SCHLEIMFISCH

Schleimfische verteidigen ihr Revier besonders aggressiv gegen alle anderen Fische, Schalentiere oder Wirbellosen, die zu nahe kommen.

22. FÄHNCHEN-FALTERFISCH

Die meisten Fähnchen-Falterfische haben einen dunklen Augenfleck auf der Schwanzflosse. Nur jenen, die im Roten Meer leben, fehlt dieser Fleck.

23. PETERMÄNNCHEN

Diese am Meeresboden lebenden Fische sind hochgiftig. Mit speziellen Giftstacheln am Rücken verletzen sie jeden, der ihnen zu nahe kommt.

24. SKALAR

Trotz ihrer Schönheit sind Skalare gefährliche Lauerjäger. Sie legen ihre Eier auf versunkenen Baumstämmen und Laub ab und verstecken sich gern zwischen Wurzeln und Pflanzen.

25. BODENGUCKER

Der Fisch mit dem großen Kopf und der flachen Stirn wurde schon 1758 von Carl von Linné beschrieben, dem „Vater der Taxonomie". Seine Nahrung findet er vorwiegend am Meeresgrund.

26. FRANZOSEN-KAISERFISCH

Viele Franzosen-Kaiserfische suchen sich lebenslange Partner und verteidigen gemeinsam ihr Revier gegen andere Paare.

27. BLAUER SONNENBARSCH

Der nordamerikanische Fisch kommt inzwischen weltweit vor. Er lebt im flachen Wasser von Seen und Teichen und versteckt sich in versunkenen hohlen Baumstämmen oder zwischen Pflanzen.

Blauer Sonnenbarsch

Schwanzfleck-Sandbarsch

28. SCHWANZFLECK-SANDBARSCH

Sandbarsche leben – wie ihr Name schon andeutet – im Sand unter Riffen. Wie viele Barschartige wechseln einige von ihnen im Lauf ihres Lebens ihr Geschlecht: Erst sind sie Weibchen und später werden sie dann zum Männchen.

29. SCHIFFSHALTER

Die Rückenflosse des Schiffshalters funktioniert wie ein Saugnapf. Damit hängt er sich an größere Tiere – etwa große Rochen –, die ihm Nahrung, Transport und Schutz bieten.

30. *CHIRONEMUS MARMORATUS*

Als Larven leben diese Fische oft in Schwärmen mit durchsichtigen Schwebegarnelen. Junge Fische können ihre Hautfarbe sehr schnell wechseln, vor allem die Weibchen. Sein lateinischer Artname *marmoratus* deutet darauf hin, dass seine Schuppenfärbung ein Marmormuster aufweist.

31. STRÄFLINGS-MEERBRASSE

Die Vorderzähne der Meerbrasse ähneln menschlichen Zähnen. Anders als Menschen haben sie aber viele Reihen dieser kurzen, stumpfen Zähne. Woher die Sträflings-Meerbrasse ihren Namen hat, liegt auf der Hand – ihr Streifenkleid ähnelt einem Sträflingsanzug.

ABBILDUNG 1: SKELETT DER BARSCHARTIGEN

Perca flavescens (Amerikanischer Flussbarsch)

Die Ordnung der Barschartigen gehört weltweit zu den größten und artenreichsten Ordnungen im Tierreich.

Obwohl ihre Mitglieder sehr unterschiedlich groß sein können, haben alle Barschartigen bestimmte Merkmale gemeinsam: eine Wirbelsäule, zwei Augen, eine zweigeteilte Rückenflosse, Afterflossen und Brustflossen.

Fast alle Mitglieder der Ordnung Perciformes haben sowohl harte als auch weiche Flossenstrahlen. Oft ist die vordere Rückenflosse deutlich härter als die hintere Rückenflosse und die Afterflossen. Rücken- und Afterflossen können teilweise oder ganz getrennt sein.

1. harte Flossenstrahlen (Hartstrahlen)
2. weiche Flossenstrahlen (Weichstrahlen)
3. Brustflosse
4. Rippen
5. Schwanzflosse

ABBILDUNG 2: VOM KLEINSTEN ZUM GRÖSSTEN

Thunnus thynnus (Roter Thun) & *Paedocypris progenetica*

Es gibt über 10 000 Arten in der Ordnung der Barschartigen – sie bilden damit die größte Gruppe der heutigen Knochenfische. Die Barschartigen unterscheiden sich teilweise stark in Größe und Farbe, auch wenn alle Arten über bestimmte gemeinsame Merkmale verfügen.

Vor allem bei der Größe gibt es unter den Barschartigen eine größere Vielfalt als in jeder anderen Ordnung. Der Rote Thun (*Thunnus thynnus*; 2,5 Meter lang und 680 Kilogramm schwer) und der Schwarze Marlin (*Istiompax indica*; 4,6 Meter lang und 750 Kilogramm schwer) gehören zu den größten Fischen in der Ordnung Perciformes, die beiden Arten *Paedocypris progenetica* (9,7 Millimeter lang) und *Schindleria brevipinguis* (8,4 Millimeter lang) zu den kleinsten.

Roter Thun

Durchschnittliche Länge: 2,5 Meter. Die Abbildung entspricht fünf Prozent seiner tatsächlichen Größe.

Paedocypris progenetica wäre im Vergleich zur Abbildung des Roten Thuns so groß wie ein i-Punkt.

Paedocypris progenetica, tatsächliche Länge: 9,7 Millimeter

LEPIDOPTERA

GRIECHISCH: LEPIS „SCHUPPE" + PTERON „FLÜGEL"

Schmetterlinge in der Ordnung Lepidoptera sind Insekten. Von anderen Insekten unterscheiden sie sich durch die winzigen Schuppen am ganzen Körper, die ihnen beim Fliegen helfen und sie wie eine Rüstung schützen. Weil die Schuppen ganz unterschiedlich gestaltet sein können, gehören die Schmetterlinge zu den farbenprächtigsten Tierordnungen. Häufig kommen zum Beispiel Augenflecken und leuchtend blaue und rote Flügel vor. Vor allem die Nachtfalter haben oft lange Hinterleibsanhänge, die verhindern, dass sie Fledermäusen zum Opfer fallen. Schmetterlinge sind bekannt für ihr Raupenstadium und den langen, zungenähnlichen Rüssel, mit dem sie Nektar saugen. Die Ordnung Lepidoptera umfasst über 180 000 Arten – Tausende weitere Arten sind wahrscheinlich noch gar nicht entdeckt.

1. MONDSPINNER

Mondspinner haben keinen Mund – die erwachsenen Falter nehmen keine Nahrung auf. Als Raupen fressen sie Hickory- und Walnussblätter. Die Tiere leben nur eine Woche lang; in dieser Zeit legt das Weibchen bis zu 200 Eier.

2. *GRAMMIA VIRGO*

Dieser Bärenspinner hat raffinierte Verteidigungsstrategien: Er stößt Ultraschalltöne aus, um Fledermäuse abzuschrecken, und wenn man ihn leicht drückt, sondert er eine Chemikalie ab, die fürchterlich riecht und schmeckt.

3. *DIPHTHERA FESTIVA*

Die Nachtfalter sind in Mittel- und Nordamerika sowie der Karibik zu Hause. Das Muster auf ihren Flügeln erinnert an Hieroglyphen.

4. *STRYMON MELINUS*

Als einer der häufigsten Zipfelfalter in Nordamerika ist *Strymon melinus* fast überall auf dem Kontinent zu finden. Er ernährt sich von einer Vielzahl verschiedener Blüten und Früchte.

Strymon melinus

Utetheisa ornatrix

5. *UTETHEISA ORNATRIX*

Die Raupen dieses Bärenspinners fressen Pflanzen, die giftige Substanzen enthalten. Die erwachsenen Tiere haben diese Giftstoffe immer noch im Körper und übertragen sie auch auf ihre Eier; so sind diese vor Fressfeinden wie Ameisen und Käfern gut geschützt.

6. *PARANTICA ASPASIA*

Die hübsche Art aus der Familie der Edelfalter fliegt sehr langsam. Oft gleitet sie elegant durch die Luft. Das Weibchen legt ein einzelnes Ei auf die Unterseite eines Blatts, aus dem nach vier Tagen eine Raupe schlüpft.

7. MONARCHFALTER

Monarchfalter sind bekannt für ihre jährlichen Wanderungen, auf denen sie Tausende von Kilometern zurücklegen. Man hat sogar Raupen auf die Internationale Raumstation gebracht, wo sie erfolgreich zu Schmetterlingen heranwuchsen.

8. *PHOLISORA CATULLUS*

Auf der Suche nach einem Weibchen fliegt das Männchen im Zickzack dicht über dem Boden. Die Raupen verweben mit ihrer Seide Blätter miteinander und bauen sich so sichere Verstecke.

9. *HELICONIUS SAPHO*

Mit seinen auffällig kontrastreich gemusterten Flügeln signalisiert dieser Edelfalter seinen Fressfeinden, dass er ungenießbar ist.

10. SCHWARZER SCHWALBENSCHWANZ

Der Schwalbenschwanz ahmt eine andere Art nach, um sich vor Fressfeinden zu schützen. Diese Art der Verteidigung nennt man Mimikry.

11. ORANGEROTER HEUFALTER

Diese Art ist in den letzten Jahrzehnten sehr selten geworden und heute vielerorts vom Aussterben bedroht. Man findet sie noch in Rumänien auf Grasland.

12. RIESENSEIDENSPINNER

Der größte Nachtfalter Nordamerikas hat eine Flügelspannweite von 12 bis 17 Zentimetern. Das Männchen kann die Lockstoffe des Weibchens – diese Stoffe heißen auch Pheromone – noch in 1,6 Kilometer Entfernung riechen.

1
2
3
4
5
6
7
8
9
10
11
12
13
14
15
16
17
18
19
20
21
22
23
24
25
26
27
28
29

13. PAPPELSCHWÄRMER

Der Nachtfalter sieht aus wie ein welkes Blatt der Pappel, auf der er lebt. Er kann grau oder gelbbraun gefärbt sein.

14. *PYRRHARCTIA ISABELLA*

Nach dem Schlüpfen aus dem Ei frieren die Raupen im Winter vollkommen ein. In kälteren Klimazonen sind die Sommer so kurz, dass die Raupe über mehrere Jahre fressen muss und in jedem Winter einfriert, bevor sie sich endlich verpuppen kann.

15. BRAUNER BÄR

Seine Vorderflügel sind braun mit weißem Muster, die Hinterflügel orange mit schwarzen Punkten. Wird der Falter gestört, lässt er seine orangefarbenen Flügel aufblitzen und fliegt davon.

16. JULIA-FALTER

Der leuchtend orangefarbene Schmetterling wird auch Fackel genannt. Er ernährt sich von Blütennektar und den Tränen von Kaimanen – so heißen die südamerikanischen Krokodile. Dazu reizt er die Augen des Kaimans, bis sie tränen, und trinkt dann die Flüssigkeit.

17. TOTENKOPF-SCHWÄRMER

Der Nachtfalter verdankt seinen Namen der totenkopfähnlichen Zeichnung auf seinem Brustabschnitt. Wenn er gestört wird, gibt er schrille Geräusche von sich. Seine Flügelspannweite beträgt mehr als 13 Zentimeter.

18. *AUTOMERIS IO*

Männchen und Weibchen unterscheiden sich stark: Die Männchen sind leuchtend gelb, die Weibchen rötlichbraun. Beide haben einen großen Augenfleck auf jedem Hinterflügel.

19. *TROGONOPTERA BROOKIANA*

Die großen Falter leben im tropischen Regenald. Sie erreichen eine Flügelspannweite von bis zu 20 Zentimeter. Die Männchen sind häufig in Gruppen an Flussufern und in Schlammpfützen zu sehen. Dort nehmen sie mineralienreiches Wasser auf.

Protogoniomorpha parhassus

20. *PROTOGONIOMORPHA PARHASSUS*

Der rosa-violett schillernde Edelfalter ruht nachts unter Blättern. Klappt er die Flügel zusammen, ist er gut getarnt: Die Flügelunterseite ist grün und sieht aus wie ein Blatt.

21. *ANATRYTONE LOGAN*

Dieser Dickkopffalter kommt in Nordamerika häufig vor. Man sieht ihn hauptsächlich in Feuchtgebieten wie Sümpfen und Mooren.

22. KLEINES NACHTPFAUENAUGE

Das Kleine Nachtpfauenauge ist in Asien und Europa verbreitet, auch in Großbritannien und Irland. Es hat sowohl auf den Vorder- als auch auf den Hinterflügeln Augenflecken.

23. JAKOBSKRAUTBÄR

Das Weibchen legt bis zu 300 Eier auf den Blättern des Jakobs-Greiskrauts, meist in Gelegen zu 30 bis 60 Eiern. Die Raupen fressen die giftige Pflanze und ihre Blüten, während sie heranwachsen.

24. *BAORISA HIEROGLYPHICA*

Dieser ungewöhnliche Nachtfalter ist in Indien und Südostasien zu Hause – er gehört zur Familie der Eulenfalter. Ausgewachsene Tiere dieser Familie haben ein sogenanntes Tympanalorgan, mit dem sie Ultraschalltöne von Fledermäusen hören und ihren Fressfeinden so ausweichen können.

Urbanus proteus

25. *URBANUS PROTEUS*

Diese Art aus der Familie der Dickkopffalter legt ihre Eier in Stapeln an der Unterseite von Blättern ab. Die Raupen bauen Verstecke aus Blättern, die sie nur zum Fressen verlassen. Werden sie gestört, schleudern sie eine hellgrüne Flüssigkeit von sich.

26. NORDAMERIKANISCHES PFAUENAUGE

Der Falter hat mehrere große schwarzviolette Augenflecken auf Vorder- und Hinterflügeln. Er wandert in großer Zahl vom Norden in den Süden Nordamerikas, um in wärmeren Bundesstaaten wie Florida zu überwintern.

27. ZEBRAFALTER

Zebrafalter schlafen nachts in Gruppen von bis zu 60 Tieren, um sich vor Fressfeinden zu schützen. Sie ernähren sich von Pollen und Nektar – so erzeugen sie im Körper spezielle Substanzen, die sie giftig und damit für Fressfeinde ungenießbar machen.

28. BLAUER MORPHOFALTER

Wie alle Schmetterlinge trinkt der Blaue Morphofalter seine Nahrung. Neben gärenden Früchten, Nektar oder Pilzen saugt er auch die Körperflüssigkeit toter Tiere auf.

29. *LYCAENA DORCAS*

Der Falter gehört zur Familie der Bläulinge. Die Weibchen legen ihre Eier an der Unterseite von Blättern ab, die in den Herbstmonaten zu Boden fallen. Wenn die Raupen im Frühling schlüpfen, müssen sie erst den Weg zurück zur Futterpflanze suchen.

ABBILDUNG 1: ANATOMIE DER SCHMETTERLINGE

Trogonoptera brookiana

Die Ordnung der Schmetterlinge entwickelte sich aus primitiven Insekten, die im Jura umherflogen. Trotz ihrer unglaublichen Vielfalt haben alle Arten zwei Paar Flügel, große Facettenaugen und Fühler.

1. Vorderflügel
2. Fühler
3. Kopf
4. Brustabschnitt (Thorax)
5. Hinterleib (Abdomen)
6. Hinterflügel

Trogonoptera brookiana

ABBILDUNG 2: METAMORPHOSE

Von der Raupe zum Schmetterling

Alle Tag- und Nachtfalter schlüpfen aus Eiern. Die jungen Larven werden Raupen genannt. Sie fressen die Blüten oder Blätter der Wirtspflanze, auf der sie geschlüpft sind.

Die Raupen häuten sich mehrmals, wenn sie wachsen, das heißt, sie streifen ihre alte Haut innerhalb von Wochen oder Monaten mehrmals ab. Sobald eine Raupe ihre volle Größe und ihr Höchstgewicht erreicht hat, verpuppt sie sich. Dazu hängt sie sich an einen Zweig oder ein Blatt oder stellt eine Art Hängematte aus Seide her. Die Nachtfalter spinnen sich in einen Kokon ein oder häuten sich ein letztes Mal, während sich die Tagfalter zu einer harten Puppe verpuppen.

Im Puppenstadium lösen sich die Zellen des Raupenkörpers auf und setzen sich als Körper des erwachsenen Tagfalters oder Nachtfalters wieder zusammen.

Die Verwandlung in einen Schmetterling wird üblicherweise als vollständige Metamorphose bezeichnet. Der wissenschaftliche Begriff dafür lautet Holometabolie.

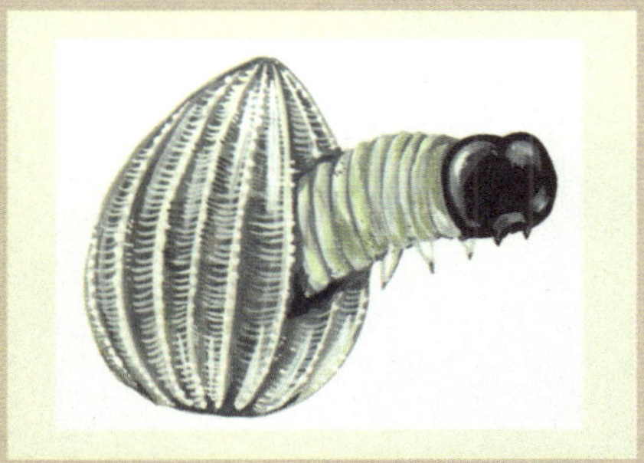

Die **Raupe des Monarchfalters** schlüpft aus dem Ei.

Die Raupe des **Monarchfalters** verpuppt sich. Aus der Puppe schlüpft schließlich der ausgewachsene Schmetterling.

1
2
3
4
5
6
7
8
9
10
11
12
13
14
15
16
17
18
19
20
21
22
23
24
25
26
27
28
29
30

ODONATA

GRIECHISCH: ODON „ZAHN“

Die Libellen (Ordnung Odonata) gehören zu den ältesten Insektenordnungen der Erde. Dank ihrer zwei Paar breiter, kräftiger Flügel sind sie äußerst wendige Flieger und sehr geschickte Jäger. Mithilfe ihrer hochempfindlichen Facettenaugen und der kräftigen Klauen an den Beinen fangen sie andere Insekten, vor allem Fliegen, im Flug. Man unterscheidet zwei große Gruppen innerhalb der Ordnung: die Kleinlibellen oder Wasserjungfern und die Großlibellen. Erstere legen ihre Flügel in der Ruhestellung flach an den Körper, während die Großlibellen mit ausgebreiteten Flügeln ruhen. Die größte Libelle, *Megaloprepus caerulatus*, hat eine Flügelspannweite von fast 20 Zentimetern. Die einzelnen Libellenarten erkennen sich anhand ihrer verschiedenen Farbmuster mit intensiven Rot-, Gelb- und Blautönen.

Große Pechlibelle

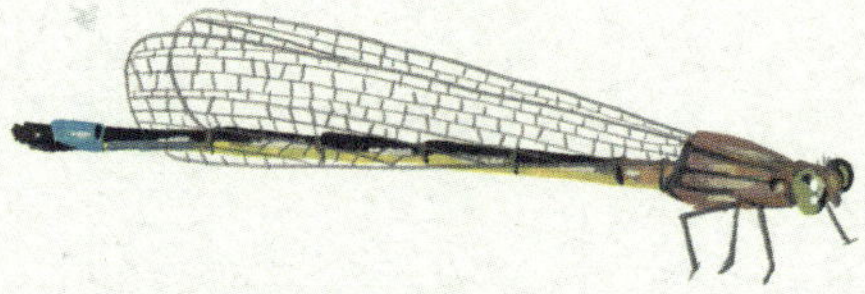

1. GROSSE PECHLIBELLE
Die Weibchen haben oft einen blauen Hinterleib, aber nicht immer! Ausgewachsene Weibchen können auch olivgrün und braun sein, junge Weibchen rosa, violett oder hellgrün.

2. *CORYPHAESCHNA INGENS*
Im Gegensatz zu vielen anderen Libellen verteidigen die Männchen kein Revier. Sie suchen meist in der Nähe von Pflanzen nach Beute.

3. *LIBELLULA LUCTUOSA*
Die zur Familie der Segellibellen gehörende Art findet man in der Nähe von schlammigen Teichen, Bächen und Flüssen in Teilen Nordamerikas.

4. *CALOPTERYX MACULATA*
Diese Art aus der Familie der Prachtlibellen fällt durch ihre undurchsichtigen schwarzen Flügel und den grünblau schillernden Körper auf. Sie hält sich am liebsten in der Umgebung langsam fließender Flüsse auf.

5. *WILLIAMSONIA LINTNERI*
Die Art aus der Familie der Falkenlibellen besiedelt Sümpfe und Moore in Nordamerika. Ihr schwarzbrauner Körper ist orange geringelt. Die Tiere werden nur bis zu 35 Millimeter lang.

6. ARKTISCHE SMARAGDLIBELLE
In Großbritannien und Irland ist diese Art nur in kleinen Gebieten heimisch. Wenn sie ausgewachsen sind, verlassen die Libellen die Gegend und kommen erst zur Paarung in das Moor oder den Sumpf zurück.

7. *NANNOPHYA PYGMAEA*
Die kleinste aller Libellen hat eine Flügelspannweite von nur 20 Millimetern.

8. GEMEINE KEILJUNGFER
Männchen und Weibchen lassen sich bei diesen gelb-schwarzen Libellen anhand des etwas größeren Hinterleibs und der runderen Hinterflügel der Weibchen auseinanderhalten.

9. BLAUGRÜNE MOSAIKJUNGFER
Die Art kommt in ganz Europa häufig vor. Die Larven ernähren sich von Kaulquappen, Wasserinsekten und sogar kleinen Fischen. Ausgewachsene Tiere fangen verschiedene Insekten im Flug.

10. *ARGIA FUMIPENNIS*
Die Männchen sind die einzigen violetten Kleinlibellen. Alle Vertreter der Gattung *Argia* lassen sich gut an ihrem hüpfenden Flug erkennen.

11. BLAUFLÜGEL-PRACHTLIBELLE
Die Weibchen können bis zu 300 Eier auf einmal legen und bleiben dafür sogar bis zu 90 Minuten unter Wasser – das ist ein Rekord unter Libellen.

12. GROSSE KÖNIGSLIBELLE
Diese Libelle ist eine der größten Libellen Mitteleuropas. Die Männchen verteidigen ihr Revier aggressiv: Unermüdlich fliegen sie bis zu sechs Meter über dem Wasser hin und her und ruhen sich nur selten aus.

Große Königslibelle

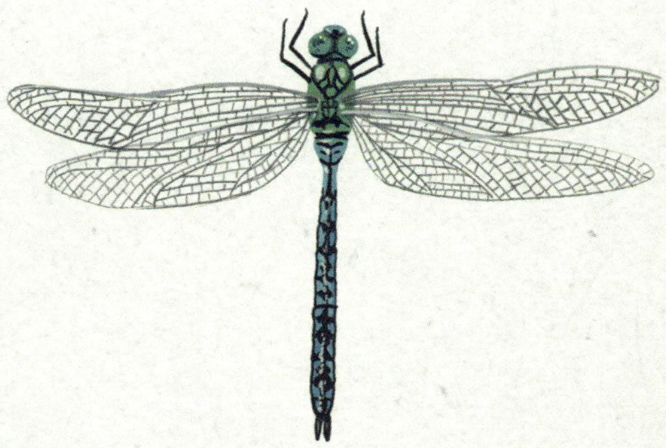

Hetaerina americana

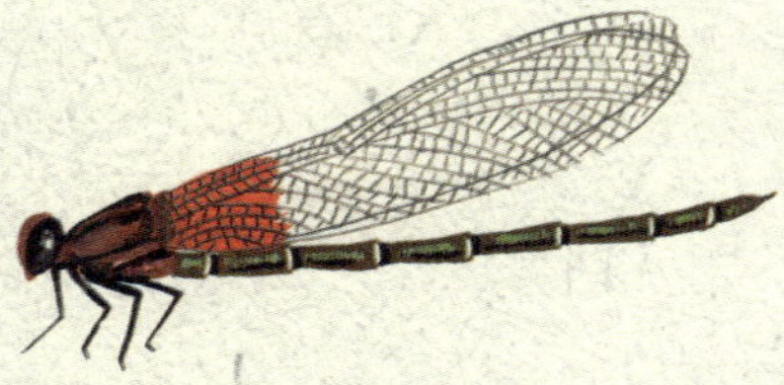

13. *HETAERINA AMERICANA*
Wie einige andere Kleinlibellen kann das Weibchen dieser Prachtlibellenart für die Eiablage bis zu 60 Minuten unter Wasser bleiben.

14. *ISCHNURA HETEROSTICTA*
Die Kleinlibelle ist in ganz Australien verbreitet. Das Männchen hat blaue Augen, ein blaues Brustsegment und blaue Ringe am Ende des Hinterleibs.

15. *HEMICORDULIA TAU*
Die schwarz-gelbe Art aus der Familie der Falkenlibellen wird 50 Millimeter lang. Männchen und Weibchen haben gerundete Hinterflügel und lassen sich daher schwer auseinanderhalten.

16. *CORDULEGASTER DORSALIS*
Die zur Familie der Quelljungfern gehörende Art wird fast acht Zentimeter lang. Die Larven graben sich bis zu den Augen im Schlick ein und lauern dort auf Beute.

17. WANDERLIBELLE
Die Wanderlibelle ist klein – nur knapp vier Zentimeter lang –, kann aber nonstop über 7000 Kilometer fliegen, ohne jemals anzuhalten. Dabei überquert sie sogar ganze Meere. Sie fliegt weiter als jedes andere Insekt der Erde.

18. *LIBELLULA CROCEIPENNIS*
Das Männchen hat einen leuchtend roten Körper und bernsteinfarbene Flügel. Das Weibchen ist blasser gefärbt und hat durchsichtige Flügel.

19. *EPITHECA PETECHIALIS*
Diese Art aus der Familie der Falkenlibellen ist leicht an den Flecken, die die Hinterflügel aufweisen, zu erkennen. Die Gattung heißt deswegen auch Zweiflecke.

20. GROSSE HEIDELIBELLE
Die Heidelibelle lauert auf einem Blatt oder einem anderen geeigneten Ansitz. Von dort aus stürzt sie sich auf ein vorbeifliegendes Beutetier.

21. GEMEINE BECHERJUNGFER
Die Weibchen können unterschiedlich gefärbt sein, entweder blau oder grün. Die Männchen dieser sehr aggressiven Kleinlibellenart verteidigen ihre Partnerinnen während der Eiablage gegen Libellen und sogar andere Tierarten.

22. *RHYOTHEMIS PRINCEPS*
Männchen und Weibchen dieser violetten Art lassen sich an den Flügeln unterscheiden. Beide haben dunkle Flügel mit hellen Flecken, aber bei den Weibchen sind die Flügelspitzen durchsichtig.

23. *CERIAGRION GLABRUM*
Die kleine orangefarbene Schlanklibelle mit den leuchtend grünen Augen ist in fast jedem Süßwasserlebensraum in weiten Teilen Afrikas zu finden.

24. *EPIOPHLEBIA SUPERSTES*
Diese nur in Japan vorkommende Art legt ihre Eier auf einer Pflanze über dem Wasser ab. Wenn die Larven schlüpfen, fallen sie ins Wasser und entwickeln sich dort weiter.

25. *TRITHEMIS AURORA*
Die Gattung der Sonnenzeiger *(Trithemis)* gehört zur Familie der Segellibellen, der größten Großlibellenfamilie der Welt. Diese Art lebt in direkter Nähe von Teichen, Sümpfen und Flüssen in Teilen Asiens.

Trithemis aurora

Acisoma panorpoides

26. *ACISOMA PANORPOIDES*
Aufgrund ihrer charakteristischen Körperform kann diese kleine Libelle leicht von anderen Arten unterschieden werden. Sie wird nicht größer als 33 Millimeter. Die Tiere besiedeln Sumpfgebiete in Teilen Südostasiens.

27. PLATTBAUCH
Wie der Name schon sagt, hat der Plattbauch einen breiten, flachen Hinterleib, der ihn dick erscheinen lässt. Er zählt zu den häufigsten Libellen in Europa und Zentralasien.

28. *LIBELLULA PULCHELLA*
Diese hübsche Libelle hat zwölf schwarze Flecken auf ihren Flügeln. Mit zunehmendem Alter bildet sie zusätzlich auch weiße Flecken aus.

29. *MEGALOPREPUS CAERULATUS*
Die größte Libelle der Welt hat eine Flügelspannweite von 19 Zentimetern. Sie ernährt sich zum großen Teil von netzbauenden Spinnen, die sie aus ihrem Netz herauszieht und im Sitzen verspeist.

30. *DOROCORDULIA LIBERA*
Der Hinterleib dieser Art ist dünner als bei den meisten anderen Mitgliedern der Gattung. Er weist ein flaches, spatelähnliches Ende auf.

ABBILDUNG 1: ANATOMIE DER BLAUGRÜNEN MOSAIKJUNGFER

Aeshna cyanea

Allen Mitgliedern der Ordnung der Libellen sind mehrere Merkmale gemeinsam: Alle haben zwei Flügelpaare, die sie unabhängig voneinander bewegen können, große Augen und Beine, mit denen sie Beutetiere im Flug fangen können.

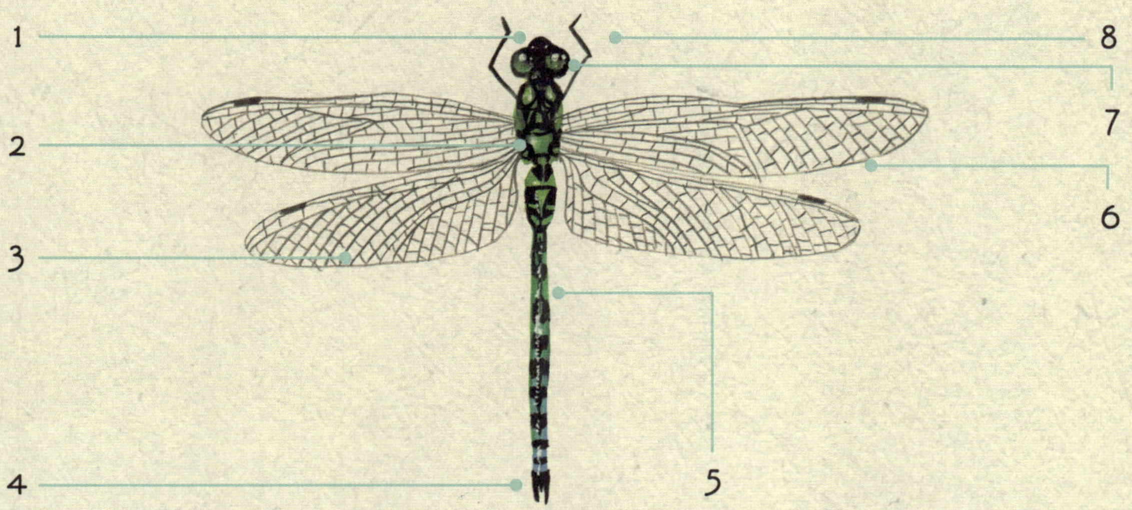

1. Mandibeln (Mundwerkzeuge)
2. Brust (Thorax)
3. Hinterflügel
4. Hinterleibsanhänge
5. Hinterleib (Abdomen)
6. Vorderflügel
7. große Facettenaugen
8. Beine

ABBILDUNG 2: LARVENSTADIUM

Lebenszyklus der Libellen

Libellen paaren sich oft im Flug, indem sie sich aneinanderklammern und im Weiterflug nach passenden Pflanzen für die Eiablage suchen. Findet ein Weibchen keine geeignete Pflanze, lässt es die Eier manchmal einfach ins Wasser fallen.

Nach einigen Tagen oder Wochen schlüpfen die Larven aus den Eiern. Alle Libellenlarven leben im Wasser und ernähren sich von Wasserinsekten und anderen Tieren bis zur Größe von Kaulquappen und sogar kleinen Fischen.

Während die Larven im Gewässer heranwachsen, häuten sie sich mehrfach – bis zu 14-mal. Das dauert teilweise vier Jahre. Sobald sie das Erwachsenenstadium erreicht haben, klettern sie aus dem Wasser, verankern sich meist an senkrechten Halmen oder Stängeln und schlüpfen aus ihrer Larvenhaut. Die frisch geschlüpften Insekten verweilen einige Zeit an Ort und Stelle. Sie warten, bis ihr Außenskelett ausgehärtet ist, dann fliegen sie als ausgewachsene Libelle davon. Bald danach suchen sie sich einen Partner – und der Kreislauf beginnt von vorn.

Libellula pulchella, Larve

Libellula pulchella, ausgewachsen

Libellenlarven haben eine verlängerte Unterlippe, die als Fangmaske bezeichnet wird und zusammengefaltet unter dem Kopf liegt. Kommt ein Beutetier vorbei, schnellt die Larve ihre Fangmaske blitzschnell nach vorn und packt zu!

COLEOPTERA

GRIECHISCH: KOLEOS „SCHWERTSCHEIDE“ + PTERON „FLÜGEL“

Die Käfer in der Ordnung Coleoptera sind bei Weitem die Insektenordnung mit den zahlreichsten und unterschiedlichsten Mitgliedern. Bisher haben Wissenschaftler über 400 000 Käferarten auf der ganzen Welt entdeckt und ihnen einen wissenschaftlichen Namen gegeben. Das Erfolgsgeheimnis der Käfer ist ihr erstes Flügelpaar, die sogenannten Deckflügel. Sie sind hart, schützen den Körper wie eine Rüstung und bedecken das zweite Paar Flügel, das aus Haut besteht. Zu diesem einfachen, schalenartigen Körperbau kommen je nach Art unterschiedliche Anpassungen für Partnerwerbung oder Tarnung und sogar zum Schwimmen. Viele Käfer, zum Beispiel der Hirschkäfer *(Lucanus cervus)*, zeigen einen Geschlechtsdimorphismus: Die Männchen unterscheiden sich in der Form deutlich von den Weibchen.

1. LILIENHÄHNCHEN

Wie der Name schon sagt, ernährt sich das Lilienhähnchen von Liliengewächsen. Bei Gefahr kann sich der Käfer mit eingeklappten Beinen auf den Rücken legen und sich totstellen.

2. *COLEOMEGILLA MACULATA*

Die Weibchen der mit den Marienkäfern verwandten Art können bis zu 1000 Eier legen. Da sich Marienkäfer von Blattläusen ernähren, sind die Eier meist dort zu finden, wo ihre Beute lebt. Doch die Larven wandern auch bis zu zwölf Meter weit auf der Suche nach Nahrung.

3. *OLLA V-NIGRUM*

Dieser Käfer ist nicht leuchtend bunt wie andere mit ihm verwandte Marienkäfer, sondern unscheinbar blass. Doch auch er sondert, wenn er angegriffen wird, einen Giftstoff ab, der seine Fressfeinde abschreckt.

4. *PHOTURIS LUCICRESCENS*

Wie andere Mitglieder der Leuchtkäfer-Gattung *Photuris* können die Weibchen die Paarungssignale anderer Leuchtkäferarten imitieren. Die auf diese Weise angelockten Männchen werden dann gefressen. Dieses Verhalten nennt man aggressive Mimikry.

Phanaeus demon

5. *PHANAEUS DEMON*

Die Art gehört zu den Blatthornkäfern. Sie hat ein gebogenes Horn und einen leuchtend bunten Körper. Dieser ist meist grün mit gelben oder goldenen Reflexen oder rot mit grünen Reflexen.

6. *ONYMACRIS CANIDIPENNIS*

Die Käferfamilie, zu der diese Art gehört, hat sich als „Nebeltrinker“ perfekt an die Bedingungen der Wüste angepasst, in der sie lebt: Der Käfer klettert im Nebel auf eine Sanddüne und reckt sein Hinterteil in die Luft. Der Wasserdampf aus dem Nebel schlägt sich am Körper nieder und läuft am Körper entlang direkt in den Mund des Käfers.

7. *GIBBIFER CALIFORNICUS*

Der Käfer hat einen schwarzen Körper, die Deckflügel können stumpfgrau bis leuchtend bläulich violett gefärbt sein. Sie sind außerdem mit schwarzen Grübchen überzogen.

8. GESPENST-LAUFKÄFER

Durch die Form von Deckflügeln und Kopf sieht der Gespenst-Laufkäfer aus wie eine kleine Geige. Er kann bis zu 90 Millimeter lang werden.

9. *PHYLLOTRETA STRIOLATA*

Die Larven dieser Art sind rötlich braun und mit kleinen Knötchen bedeckt. Möglicherweise dienen diese Organe der chemischen Kommunikation.

10. ZWEIUNDZWANZIG-PUNKT-MARIENKÄFER

Der Käfer ernährt sich nicht von Blattläusen, sondern von Mehltau, einer von Pilzen verursachten Pflanzenkrankheit, die einen weißen Belag bildet. Den Namen hat er natürlich von den 22 Punkten auf seinem gelben Rücken.

11. *CHRYSINA* (GATTUNG)

Die prächtigen Käfer sehen fast aus wie echte Goldklumpen. Der Glanz ihrer Deckflügel könnte entstanden sein, um bei der Tarnung zu helfen oder mögliche Fressfeinde zu blenden.

12. WOLLKRAUTBLÜTENKÄFER

Der winzige Käfer wird nur 3,5 Millimeter lang. Die Larven fressen tote Insekten und Naturfasern wie Federn und Tierhaare. Die erwachsenen Käfer verspeisen Pollen und Nektar.

1
2
3
4
5
6
7
8
9
10
11
12
13
14
15
16
17
18
19
20
21
22
23
24
25
26
27
28
29
30
31

13. *PELIDNOTA PUNCTATA*
Der Käfer kommt in ganz Nordamerika vor. Er wird drei Zentimeter groß und frisst Früchte und Blätter der Weinrebe.

14. FELD-SANDLAUFKÄFER
Die erwachsenen Tiere sind flinke Jäger. Mit ihren großen Augen können sie ausgezeichnet sehen, ihre sichelförmigen Kiefer sind kräftig und die langen Beine machen die Käfer schnell und wendig.

15. GEMEINER FURCHENSCHWIMMER
Der Schwimmkäfer verfolgt aktiv seine Beute, packt sie mit seinen großen Mandibeln und frisst sie. Aus speziellen Drüsen sondert er Giftstoffe ab, die Fressfeinde abstoßen.

16. *DIABROTICA BALTEATA*
Diese Art hat einen roten Kopf, Körper und Deckflügel sind grün-gelb. Verbreitet ist sie in Nord- und Südamerika, wo sie sich von verschiedenen Früchten und Gemüsesorten ernährt.

17. GOLDLAUFKÄFER
Deckflügel und Kopf des Goldlaufkäfers schillern grün, Beine und Fühler sind orange. Die Raubkäfer ernähren sich von Würmern, Schnecken und Insekten, die sie mit den Mandibeln festhalten und dann mit einem Verdauungssekret besprühen.

18. *CRYPTOCEPHALUS PSEUDOMACCUS*
Die Oberfläche der Deckflügel dieser Art ist glänzend. An der Körperunterseite hat der Käfer kurze, spärlich verteilte helle Haare.

19. *CHELORRHINA POLYPHEMUS*
Der große Käfer gehört zur Familie der Blatthornkäfer. Er ernährt sich von Früchten und Baumsaft. In seiner afrikanischen Heimat wird er oft als Haustier gehalten! Die Männchen werden bis zu acht Zentimeter lang und haben geweihähnliche Auswüchse am Kopf.

20. GEMEINER SPECKKÄFER
Sowohl die Larven als auch die erwachsenen Tiere sind Aasfresser. In menschlichen Behausungen suchen diese Käfer nach Tierprodukten wie getrocknetem Fleisch, Leder und Fellen oder Federn, aber auch nach Pflanzlichem wie Getreide.

21. *CHAULIOGNATHUS PENSYLVANICUS*
Die Käfer fliegen schnell und elegant. Wegen ihrer auffälligen schwarz-gelben Färbung werden sie manchmal mit Wespen verwechselt. Sie fressen Pollen und spielen bei der Bestäubung einiger Blütenpflanzen eine wichtige Rolle.

22. *CHALCOLEPIDIUS LIMBATUS*
Die Art aus der Familie der Schnellkäfer kann sich mithilfe eines speziellen Sprungapparats in die Luft katapultieren, wenn sie auf dem Rücken liegt. Dabei erzeugt sie mit dem Thorax ein lautes Klickgeräusch. Der Käfer lebt in Argentinien und wird bis zu drei Zentimeter lang.

23. HIRSCHKÄFER
Der unverwechselbare europäische Käfer ist berühmt für seine vergrößerten, geweihähnlichen Kiefer. Die Männchen werden bis zu acht Zentimeter lang und kämpfen mit ihren „Geweihen" um Weibchen oder Nahrung.

24. *TRACHYDERES MANDIBULARIS*
Diese Art aus der Familie der Bockkäfer legt ihre Eier auf viele verschiedene Wirtsbäume im Süden der USA und in Mexiko. Man erkennt sie gut an den extrem langen Fühlern.

Trachyderes mandibularis

25. *TEMOGNATHA ALTERNATA*
Kopf und Beine des außergewöhnlich farbenfrohen Käfers sind grün, die Deckflügel haben gelbe, dunkelblaue, rote und grünblaue Querstreifen.

26. *EUPHOLUS SCHOENHERRII*
Diese Art zeichnet sich durch leuchtend blaue Beine und blau-grüne, metallisch schimmernde Deckflügel mit schwarzen Querstreifen aus. Sie kommt nur in Neuguinea vor.

27. *TRICHALUS AMPLIATUS*
Anders als die meisten Käfer hat diese Art weiche Deckflügel. Sie ist ziegelrot gefärbt und signalisiert mit dieser grellen Warnfarbe ihren Fressfeinden, dass sie ungenießbar ist.

28. KARTOFFELKÄFER
Kartoffelkäfer haben leuchtend orangefarbene, ovale Körper mit braunen Streifen. Sie sind Schädlinge, die ganze Kartoffelfelder ernsthaft gefährden können, indem sie sie kahl fressen.

29. HERKULESKÄFER
Charakteristisch für den Herkuleskäfer ist das lange Horn der Männchen. Herkuleskäfer gehören zu den Riesenkäfern und damit zu den längsten Käferarten der Welt. Die Männchen messen mit ihrem Horn bis zu 18 Zentimeter.

30. *MACRODONTIA CERVICORNIS*
Die bis zu 17 Zentimeter lange Art zählt zur Verwandtschaft der Bockkäfer. Sie verbringt den größten Teil ihres Lebens im Larvenstadium – das bis zu zehn Jahre dauern kann. Ausgewachsen lebt der Käfer nur einige Monate. Er kommt in Südamerika vor.

31. GOLIATHKÄFER
Auch der Goliathkäfer gehört zu den größten und schwersten Insekten der Welt. Man findet diese Riesen in tropischen Wäldern in Afrika, wo sie zuckerreiche Nahrung wie Baumsaft und Früchte fressen.

ABBILDUNG 1: VON KLEIN NACH GROSS

Ptenidium pusillum & Goliathus albosignatus

Die Ordnung der Käfer gehört zu den größten Tierordnungen. Ein Viertel aller mit einem Artnamen benannten Tiere sind Käfer. Die äußerst artenreiche Ordnung umfasst mehr als 350 000 benannte Arten und es warten mit Sicherheit noch unzählige weitere Arten auf ihre Entdeckung und Erforschung durch Wissenschaftler.

Käfer entwickelten sich aus einem primitiven Teil der Insektenfamilie, der vor rund 270 Millionen Jahren erstmals auftrat. Seitdem haben sie sich über die ganze Welt verbreitet und fast jeden Lebensraum erfolgreich erobert.

Manche Käfer, wie zum Beispiel der afrikanische Goliathkäfer *Goliathus albosignatus*, werden mehr als zehn Zentimeter lang. Damit gehört diese Art zu den größten Insekten der Erde. Angeblich kann der Goliathkäfer Lasten heben, die über 850-mal schwerer sind als er selbst.

Der kleinste Käfer der Erde ist ein Vertreter der Zwergkäfer oder Federflügler aus der Familie Ptiliidae. Die Art heißt *Ptenidium pusillum*. Sie wird nur 0,5 Millimeter lang. Den Namen „Federflügler" verdanken die winzigen Tiere ihren Flügeln, auf denen sie in der Luft gleiten wie Pusteblumensamen.

Vergrößerter **Federflügler**. Tatsächliche maximale Größe von ***Ptenidium pusillum***: 0,5 Millimeter

Tatsächliche maximale Größe von ***Goliathus albosignatus***: elf Zentimeter

ABBILDUNG 2: ANATOMIE DER KÄFER

Mecynorrhina polyphemus

Käfer haben kein Innenskelett, sondern wie alle anderen Insekten (und andere Gliederfüßer) ein Außenskelett. Direkt unter dieser starren „Rüstung" ist ihr Körper mit einer hautähnlichen Membran bedeckt. Das Außenskelett besteht aus mehreren Platten, damit es beweglich ist.

Käfer verfügen über zwei Flügelpaare: ein hartes Paar Vorderflügel, auch Deckflügel genannt, die nicht zum Fliegen dienen, sondern zum Schutz des Körpers, und ein Paar membranartiger Hinterflügel, mit denen der Käfer fliegt. Im Ruhezustand liegen die Hinterflügel zusammengefaltet und gut geschützt unter den Deckflügeln.

Viele männliche Käfer haben Hörner zum Kämpfen und Verteidigen ihres Reviers. Manchmal benutzen sie sie sogar als Werkzeuge zum Graben oder beim Nestbau.

An den Enden ihrer sechs Beine haben die Käfer klauenähnliche Haken. Viele Arten, zum Beispiel *Mecynorrhina polyphemus*, klettern mithilfe dieser Haken auf Bäume, um an Baumsaft und gärende Früchte zu gelangen.

1. Hörner
2. Fühler
3. harte Deckflügel (Vorderflügel)
4. membranartige Hinterflügel

1
2
3
4
5
6
7
8
9
10
11
12
13
14
15
16
17
18
19
20
21
22
23
24
25
26
27
28
29
30

HYMENOPTERA

GRIECHISCH: HYMEN „HAUT“ + PTERON „FLÜGEL“

Die Hautflügler in der Ordnung Hymenoptera sind Insekten, deren Weibchen eine nadelfeine Röhre besitzen (den sogenannten Ovipositor), mit der sie ihre Eier in verschiedene Pflanzen und sogar in Tiere legen (in den Tieren leben ihre Larven dann als Parasiten). Bei vielen Arten, vor allem bei den sozialen Wespen und Bienen, wurde der Ovipositor als Waffe „zweckentfremdet“ und zum Stachel umgestaltet, um Gift in mögliche Fressfeinde zu spritzen. Einige, wie der Tarantulafalke *(Pepsis grossa)*, können erwachsene Vogelspinnen mit ihrem Giftstachel lähmen und dann in ihr Nest schleifen, um ihre Jungen damit zu füttern. Giftige Hautflügler warnen mögliche Angreifer auf unterschiedliche Weise vor ihren Stacheln, meist durch die gelb-schwarzen „Warnstreifen“, die man bei vielen Arten findet.

1. GARTENHUMMEL

Im Gegensatz zu Honigbienen verlieren Hummeln ihren Stachel nicht nach einem Stich – sie können immer wieder zustechen. In den Sommermonaten arbeiten diese Hummeln so hart, dass sie manchmal an Erschöpfung sterben.

2. *ODONTOMACHUS BAURI*

Die Gattung der Schnappkieferameisen, zu der diese Art gehört, haben große Mandibeln, die sie 180 Grad weit öffnen können. Es sind die am schnellsten beweglichen Raubwerkzeuge im Tierreich: In nur 130 Mikrosekunden schnappen sie zu.

3. *OSMIA CORNIFRONS*

Die Bienen sind erfolgreiche Bestäuber. Sie wurden sogar in bestimmten Gebieten eingeführt, damit dort mehr Blüten bestäubt werden. Eine einzige Biene besucht bis zu 2500 Blüten am Tag und sammelt dort jeweils vier bis acht Minuten lang Nektar und Pollen, den sie dann weiterverteilt.

4. *ABISPA EPHIPPIUM*

Diese Art wird Australische Hornisse genannt, gehört aber eigentlich zu den Solitären Faltenwespen. Sie lebt allein (solitär) und bildet keine Kolonien. Erwachsene Tiere ernähren sich von Nektar und die Weibchen fangen Raupen, mit denen sie die Larven füttern.

Große Wollbiene

5. GROSSE WOLLBIENE

Die Wollbiene erhielt ihren Namen, weil sie Haare von den Blättern wolliger Pflanzen schabt – etwa vom Wollziest – und ihre Nester daraus baut.

6. RIESENHOLZWESPE

Die Weibchen bohren ihren Ovipositor in totes oder krankes Holz von Nadelbäumen und legen ihre Eier hinein. Die Larven leben drei Jahre lang im vermodernden Holz.

7. *SOLENOPSIS MOLESTA*

Die zur Gattung der Feuerameisen gehörende Art ist so klein, dass sie oft unbemerkt bleibt. Sie baut ihr Nest in der Nähe anderer Ameisen und stiehlt deren Nahrung.

8. SCHWARZE WEGAMEISE

Die Wegameise paart sich im Flug. Wie viele Ameisenarten haben die Männchen und die jungfräulichen Königinnen Flügel. Nach der Paarung landet die Königin, gräbt sich in den Boden ein, legt Eier und beginnt mit dem Nestbau. So gründet sie ihre Kolonie.

Riesenhonigbiene

9. RIESENHONIGBIENE

Die größte Honigbienenart hat einen verblüffenden Verteidigungsmechanismus gegen Angreifer entwickelt: Die Tiere können sich auf rund 45 °C aufheizen und eine Kugel um den Eindringling bilden. Die Hitze ist für den Feind – meist eine eindringende Wespe oder Hornisse – tödlich.

10. *ATANYCOLUS CAPPAERTI*

Wie die meisten Brackwespen ist auch diese Art ein Parasitoid. Mithilfe ihres Ovipositors legt sie Eier in Larven anderer Tiere wie Fliegen, Schmetterlinge und anderer Insekten. Die Wespenlarven ernähren sich vom Wirt und töten ihn gewöhnlich, wenn sie ihn verlassen.

11. *XYLOCOPA MORDAX*

Diese Holzbienenart baut ihre Nester in totem Holz. Die Weibchen lassen ihren Körper vibrieren, während sie mit den Mandibeln das Holz wegschaben. Typischerweise hat das Nest nur einen einzigen Eingang, kann aber über viele Tunnel verfügen.

Mooshummel

12. MOOSHUMMEL

Mooshummeln heißen so, weil sie ihr Nest auf oder direkt unter dem Boden bauen und es mit Moos und getrocknetem Gras abdecken.

13. *EUGLOSSA DILEMMA*

Die metallisch grün glänzende Prachtbienenart bestäubt Orchideen. Das Männchen sammelt verschieden duftenden Pollen in speziellen Taschen an seinen Hinterbeinen und holt ihn wieder hervor, um Weibchen anzulocken.

14. ASIATISCHE RIESENHORNISSE

Die größte Hornisse der Welt jagt andere Insekten, am liebsten Honigbienen. Sie kann mehrmals stechen, aber die Bienen tötet sie, indem sie sie mit ihren kräftigen Mandibeln zerfetzt.

15. *MYRMECOCYSTUS MEXICANUS*

Bei den Honigtopfameisen lagern spezielle Arbeiterinnen energiereiche Vorräte (Honig) nicht im Nest, sondern in ihrem Körper ein. Wird die Nahrung knapp, streichen andere Ameisen über ihre Fühler und bringen die Arbeiterinnen dazu, die gespeicherte Nahrung wieder hochzuwürgen.

16. *PSEUDOCHALCURA NIGROCYANEA*

Die Mitglieder der Wespenfamilie Eucharitidae, zu der diese Art gehört, sind Parasiten. Wenn sie schlüpfen, hängen die Larven sich an eine vorbeikommende Ameise. In der Ameisenkolonie machen sie sich dann über die Ameisenlarven her.

17. TARANTULAFALKE

Der Tarantulafalke ist eine Wegwespe, die Vogelspinnen jagt. Sein Stich, der die Spinne lähmt, gilt als einer der schmerzhaftesten Stiche der Welt.

18. *CHALYBION CALIFORNICUM*

Diese Grabwespe baut sich ihr Nest nicht immer selbst, sondern nutzt gelegentlich auch alte Nester. Sie ist der Hauptfeind der Schwarzen Witwe, einer giftigen Spinne.

19. *VESPULA MACULIFRONS*

Wie bei vielen Wespen- und Bienenarten ist die Königin das einzige Mitglied ihrer Kolonie, das den Winter überlebt. Im Vorfrühling sucht sie einen passenden Ort und baut ein neues kleines Nest für ihre nächste Kolonie.

20. SCHWARZKOPFAMEISE

Die Schwarzkopfameise hat einen schwarzen Kopf, während Hinterleib und Beine sehr hell oder durchsichtig sind. Weil sie auch nur 1,5 Millimeter lang wird, sieht man sie kaum.

21. ROTPELZIGE SANDBIENE

Diese Art gräbt für den Nestbau Löcher in den Boden und hinterlässt dabei kleine, vulkanartige Hügel. Die Weibchen bauen das Nest und füttern die Larven ganz allein.

22. DEUTSCHE WESPE

Deutsche Wespen sind in Frachtcontainern in die ganze Welt gelangt und bedrohen in fremden Lebensräumen die einheimischen Arten. Sie ernähren sich räuberisch von einer Vielzahl von Insekten und Spinnen und konkurrieren mit anderen Tieren in der Gegend um die Nahrung.

23. *TORYMUS CALIFORNICUS*

Diese Wespe legt ihre Eier in Eichen. Nach dem Schlüpfen sondert die Larve ein Sekret ab, das Baumgewebe dazu bringt, um sie herumzuwachsen. In diesem sogenannten Gallapfel lebt sie gut geschützt, bis das erwachsene Insekt schließlich schlüpft.

24. BLAUSCHWARZE ROSENBÜRSTENHORNBLATTWESPE

Diese Pflanzenwespe ernährt sich von Rosen und legt ihre Eier dort ab. Sobald die Larven schlüpfen, machen sie sich mit Riesenappetit über den Rosenstrauch her und fressen ihn kahl.

25. ASIATISCHE WEBERAMEISE

Weberameisen sind bekannt für ihr verblüffendes Verhalten beim Nestbau. Gemeinsam biegen sie Blätter zu verschiedenen Formen und kleben sie mit einer papierartigen weißen Substanz zusammen.

26. GATTUNG *CEPHALOTES*

Ameisen dieser Gattung haben einen unverwechselbaren flachen Kopf und können in der Luft gleitend zurück zu ihrem Baum steuern, falls sie einmal von höheren Ästen herunterfallen.

27. ORIENTALISCHE HORNISSE

Die Hornisse kann Sonnenstrahlung in Energie umwandeln: Sie wird tagsüber aktiver, wenn die Sonne am höchsten steht. Das gelbe Band am Hinterleib enthält das Pigment Xanthopterin, das Licht in elektrische Energie umwandelt.

28. *ATTA COLOMBICA*

Blattschneiderameisen wie diese Art kann man zu Hunderten beim Transport von Blättern in ihr Nest beobachten. Sie fressen die Blätter jedoch nicht, sondern bringen sie unter die Erde als Nahrung für einen Pilz, den sie „anbauen" und fressen.

29. *OSMIA LIGNARIA*

Diese Mauerbienenart wird von Obstbauern sehr geschätzt – ein Weibchen kann bis zu 60 000 Blüten besuchen und bestäuben, wenn es Pollen und Nektar für sein Nest sammelt.

30. *SPHEX PENSYLVANICUS*

Die Wespe ist so groß, dass sie manchmal für einen Tarantulafalken gehalten wird. Sie lebt räuberisch und ernährt sich von Insekten wie Grashüpfern, die sie immer dreimal sticht – einmal in den Hals und zweimal in den Thorax.

ABBILDUNG 1: DEUTSCHE WESPE

Vespula germanica

Alle Mitglieder aus der Ordnung der Hautflügler haben eine typische Körperform: runder Kopf, rundlicher Thorax, großer, rundlicher Hinterleib.

Die Hautflügler durchleben vom Ei über die Larve zum Erwachsenenstadium eine vollständige Metamorphose, ganz ähnlich wie die Schmetterlinge.

Einige Hautflüglerarten sind äußerst gesellig und leben in großen Kolonien, manche sind aber auch Einzelgänger und kommen nur zur Paarung zusammen. In Kolonien erzeugt die Königin ganze Armeen unfruchtbarer Arbeiterinnen, die dafür sorgen, dass der „königliche" Nachwuchs gedeiht.

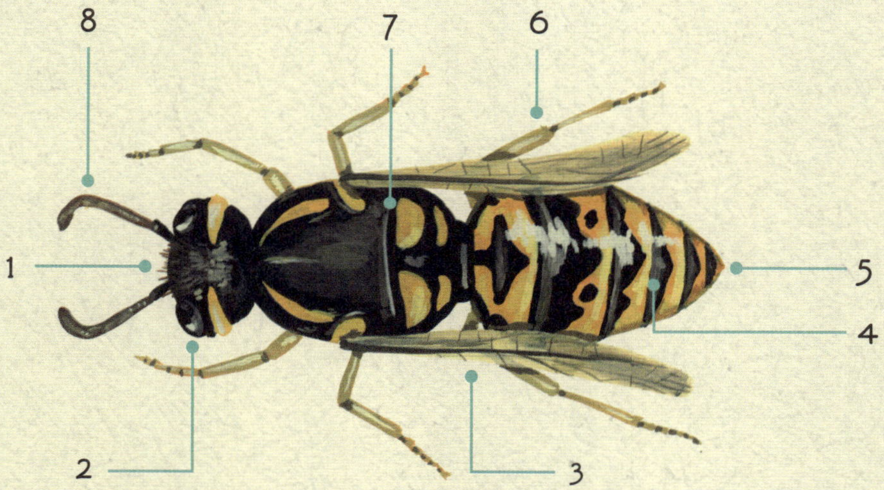

1. Kopf
2. Facettenaugen
3. Flügel
4. Abdomen (Hinterleib)
5. Stachel/Ovipositor
6. Beine
7. Thorax (Brustteil)
8. Fühler

ABBILDUNG 2: OVIPOSITOR

Atanycolus cappaerti

In der Ordnung der Hautflügler hat das Weibchen oft eine Röhre, durch die es seine Eier zum Beispiel in Holz, Früchte oder sogar Raupen spritzt. Mit dem sogenannten Ovipositor, der Legeröhre, kann das Weibchen die Stelle für die Eiablage vorbereiten, das Ei übertragen und an der richtigen Stelle absetzen.

Einige Wespen können mit ihrem langen, dünnen Ovipositor in das Holz von Bäumen eindringen – zuerst lauschen sie auf die Vibrationen einer Wirtslarve oder eines Wirtsinsekts, dann bohren sie sich durch das Holz, um ihre Eier hineinzulegen.

Bei vielen Hautflüglern hat sich der Ovipositor zum Stachel umgebildet. Dank des zusätzlichen Gifts kann das Insekt Eier legen, ohne vom Wirtstier, in das die Eier eingebracht werden, verletzt zu werden.

Die Arten aus der Gruppe der Brackwespen, zum Beispiel *Atanycolus cappaerti*, spritzen dem Wirt sogar ein Virus, das die Immunabwehr lahmlegt, damit ihre Larven unerkannt heranwachsen können.

1. Kopf
2. Flügel
3. Abdomen (Hinterleib)
4. Stachel/Ovipositor

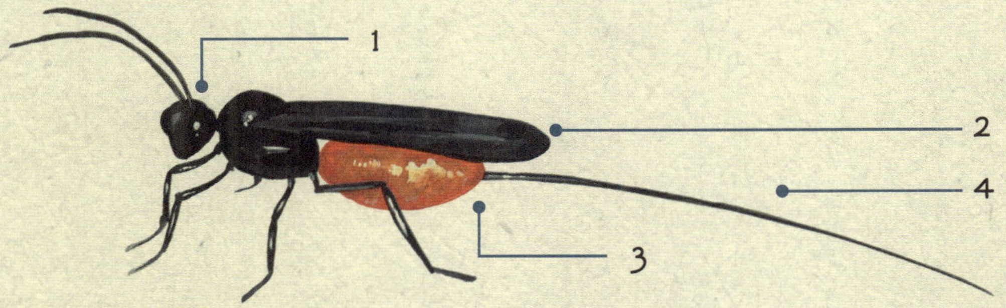

Atanycolus cappaerti

SQUAMATA

LATEIN: SQUAMA „SCHUPPE“

In der Ordnung Schuppenkriechtiere (Squamata) finden sich die Meister des Überlebens. Mit ihrer zähen, schuppigen Haut, die sie in trockener Umgebung vor Wasserverlust schützt, haben sie die trockensten und heißesten Landschaften der Erde erobert. Schuppenkriechtiere lassen sich in Schlangen und Eidechsen unterteilen. Alle haben einen einfachen Körperbau mit einer Wirbelsäule und kräftige Kiefer, die die Schlangen fast vollständig aushängen können, um größere Beutetiere zu verschlingen. Insgesamt gibt es mehr als 10 000 Arten in dieser uralten Ordnung. Alle Schuppenkriechtiere brauchen Sonnenwärme für ihren Stoffwechsel. Nur wenige Arten, zum Beispiel die Kreuzotter *(Vipera berus)*, haben sich an das Leben in kälteren Klimazonen angepasst.

Maurische Netzwühle

1. MAURISCHE NETZWÜHLE
Wie viele Eidechsen nutzt die Maurische Netzwühle die Felsen in ihrem Lebensraum, um sich auf die richtige Körpertemperatur aufzuwärmen oder abzukühlen. Gegen zu große Hitze gräbt sie sich bis zu zehn Zentimeter tief in den Boden.

2. GELBE ANAKONDA
Diese Würgeschlange gehört mit einer durchschnittlichen Länge von vier Metern zu den größten Schlangen der Welt. Sie geht im flachen Wasser auf die Jagd nach Vögeln, Fischen, Eidechsen, Säugetieren und anderer Beute. Ihr Opfer tötet sie, indem sie es fest umschlingt, bis es an Herz-Kreislauf-Versagen stirbt.

3. GRANIT-NACHTECHSE
Nachtechsen wechseln ihre Farbe. In ihrer „dunklen Phase“ am Tag sind sie dunkelbraun und weiß, in ihrer „hellen Phase“ nachts weiß mit unregelmäßigen Flecken auf Rücken und Schwanz. Die Tiere sind – anders als ihr Name vermuten lässt – tagaktiv.

4. TOKEH
Tokehs kommen in ganz Asien vor und haben sich auch an menschliche Behausungen angepasst. Dort klettern sie auf der Suche nach Insekten an Wänden und Decken umher.

5. *CNEMIDOPHORUS ARUBENSIS*
Die Art kommt ausschließlich auf der Insel Aruba vor. Ihr dunkler Körper ist mit leuchtend türkisfarbenen Flecken übersät, der Schwanz ist türkis geringelt.

6. SKILTON-SKINK
Wird der Skink angegriffen, wirft er seinen Schwanz ab. Das lenkt den Angreifer ab und der Skink kann fliehen. Der Schwanz wächst wieder nach, ist dann aber oft anders gefärbt und geformt.

7. REGENBOGEN-ERDSCHLANGE
Die Erdschlange hat herrlich schillernde Schuppen. Deren ungewöhnliches Muster zerstreut das Licht und taucht den Körper der Schlange in wunderschöne Farben, wenn sie in der Sonne liegt.

8. SCHACHBRETT-DOPPELSCHLEICHE
Doppelschleichen haben keine Beine und bewegen sich durch akkordeonartiges Zusammenziehen ihrer lockeren Haut fort. Sie verbringen den Großteil ihres Lebens unter der Erde.

9. BLAUE SÄGESCHWANZ-EIDECHSE
Diese Eidechse lebt hauptsächlich auf Bäumen. Dank ihres abgeplatteten Körpers und des leichten Skeletts voller Lufttaschen kann sie bis zu 30 Meter weit durch die Luft gleiten.

10. KREUZOTTER
Kreuzottern treten in unterschiedlichen Färbungen auf. Als einzige Schlangen der Welt kommen sie auch nördlich des Polarkreises vor.

11. GILA-KRUSTENECHSE
Die Gila-Krustenechse gehört zu den wenigen giftigen Eidechsen. Ihr schwaches Gift wirkt auf die Nerven. Indem sie sich an ihrer Beute festbeißt und Kaubewegungen macht, fließt das Gift durch Rillen in ihren Zähnen in die offene Wunde und lähmt das Opfer. So kann die Echse es leichter verspeisen.

Gila-Krustenechse

1
2
3
4
5
6
7
8
9
10
11
12
13
14
15
16
17
18
19
20
21
22
23
24
25
26
27
28
29
30

12. IBERISCHE GEBIRGSEIDECHSE
Der Schwanz dieser Eidechse kann fast zweimal so lang werden wie ihr Körper. Männchen, die ihren Schwanz bei einem Angriff durch einen Fressfreind abgeworfen haben, stehen weiter unten in der Hierarchie und können sich meist mit weniger Weibchen paaren. Auch Weibchen ohne Schwanz werden weniger umworben.

13. BLUMENTOPFSCHLANGE
Die ungiftigen Reptilien aus der Familie der Blindschlangen leben unter der Erde. Sie sind fast blind und können nur Hell und Dunkel unterscheiden. Manchmal werden sie mit Regenwürmern verwechselt.

14. GESPENST-PLATTSCHWANZGECKO
Der platte Schwanz des Geckos aus Madagaskar sieht aus wie ein totes Blatt. Tagsüber verhilft ihm diese Eigenheit zu einer hervorragenden Tarnung, indem der Gecko praktisch mit seiner Umgebung verschmilzt.

15. VIERHORN-KRÖTENECHSE
Diese kleine, flache Krötenechse ist etwa so groß wie die Handfläche eines Menschen und hat überall am Körper Stacheln. Trotz der Stacheln versucht sie meist zu fliehen, wenn sie angegriffen wird, oder wendet eine andere Verteidigungsstrategie an: Sie kann Blut aus ihren Augen spritzen!

16. ROSADA-DRUSENKOPF
Der vom Aussterben bedrohte Leguan ist rosa mit dunklen Abzeichen am Körper. Er frisst vorwiegend die Blätter und Früchte der Kaktusfeige.

17. GRÜNER BAUMPYTHON
Der Grüne Baumpython lebt auf Bäumen und ist nachtaktiv, weswegen er in freier Wildbahn schwer aufzuspüren ist. Wenn er in den Bäumen ruht, legt er seinen Körper in engen Schlingen um den Ast und platziert seinen Kopf in die Mitte.

Nattern-Plattschwanz

18. NATTERN-PLATTSCHWANZ
Die giftige Seeschlange lebt im tropischen Indopazifik. Sie hat einen paddelartigen Schwanz und verbringt viel Zeit unter Wasser. An Land kommt sie nur, um zu verdauen und sich auszuruhen. Hier ist sie auch viel langsamer unterwegs: Sie erreicht nur ein Fünftel ihrer Schwimmgeschwindigkeit.

19. BLINDSCHLEICHE
Blindschleichen sehen aus wie Schlangen, sie sind aber Eidechsen ohne Beine. In freier Wildbahn werden sie bis zu 30 Jahre alt, in Gefangenschaft mindestens 54. Das ist Rekord unter den Eidechsen.

20. WEISSKEHLWARAN
Der Weißkehlwaran ist mit bis zu 1,5 Metern die zweitlängste Echse Afrikas. Er ernährt sich fast ausschließlich von Fleisch: als Jungtier von Wirbellosen, als Erwachsener von Wirbeltieren.

21. FÜNFFINGERIGE HANDWÜHLE
Ihre weichen Schuppen verleihen dieser Doppelschleiche das gerillte Aussehen eines Wurms. Handwühlen können ausgezeichnet graben, haben zwei Beine direkt hinter dem Kopf und ziehen den schlangenartigen Körper hinter sich her.

22. MADAGASKAR-BLATTNASENNATTER
Die Schlange lebt auf Madagaskar auf Bäumen. Durch ihren seltsamen Nasenaufsatz – er ist spitz beim Männchen und blattförmig beim Weibchen – tarnt sie sich zwischen Ranken und Ästen, wenn sie sich an Beute heranpirscht.

23. CHINESISCHE KROKODILSCHWANZECHSE
Ihren Namen verdankt die Echse ihrem Schwanz, auf dem – ähnlich wie beim Krokodil – zwei Reihen vergrößerte Schuppen zwei deutlich abgesetzte Kämme bilden.

24. JEMENCHAMÄLEON
Wie alle Chamäleons wechselt auch diese Art ihre Farbe – je nach Stimmung, Temperatur und Gesundheitszustand.

25. BRILLENSCHLANGE
Brillenschlangen sind leicht an ihrem großen, beeindruckenden Halsschild zu erkennen, den sie bei Bedrohung ausbreiten. Die meisten tragen die berühmte brillenähnliche Zeichnung auf der Hinterseite des Halsschildes.

26. BROADLEY-PLATTGÜRTELECHSE
Plattgürtelechsen können beeindruckende Sprünge vollführen. Das ist vor allem praktisch, um Kriebelmücken zu fangen, die in Schwärmen über ihren Kopf hinwegfliegen.

27. GLANZSPITZNATTER
Wie Menschen können diese Schlangen räumlich sehen und ihre Beute so besser erkennen und verfolgen. Hat die Glanzspitznatter ein geeignetes Beutetier erspäht, stößt sie zu und lähmt das Tier durch einen Biss mit ihrem giftigen Speichel.

28. ROTKEHLANOLIS
Der Rotkehlanolis ist leuchtend grün gefärbt, kann aber seine Farbe je nach Stimmung, Temperatur und Feuchtigkeit rasch zu braun, gelb oder grau ändern. Darin ähnelt er zwar den Chamäleons, ist mit diesen aber nicht näher verwandt, sondern gehört zu einem anderen Teil der Echsenfamilie.

29. DORNTEUFEL
Dornteufel leben in den Trockengebieten Australiens und ernähren sich ausschließlich von Ameisen. Pro Mahlzeit verschlingen sie über 1000 der Insekten. Nachts schlägt sich Feuchtigkeit an ihrem Körper nieder, die durch spezielle Rinnen in ihr Maul fließt.

30. KRAGENECHSE
Der Hautkragen dieser australischen Echse liegt meist flach am Hals an. Bei Bedrohung stellt sich die Kragenechse auf die Hinterbeine, öffnet das Maul, spreizt die farbenprächtigen Hautfalten um ihren Kopf ab und zischt laut. Diese Drohgebärde soll den Angreifer in die Flucht schlagen.

ABBILDUNG 1: SCHUPPEN UND SCHILDE

Die Haut der Schuppenkriechtiere

Die Schuppenkriechtiere entwickelten sich aus einem sehr frühen Zweig der Reptilien im Mitteljura. Sie sind die größte Ordnung beschuppter Reptilien und zeichnen sich durch ihre Haut aus, die entweder aus Hornschuppen oder aus Schilden besteht.

Schlangen sind vollständig von Schuppen verschiedener Formen und Größen bedeckt. Die Schuppen einer Schlange schützen ihren Körper, helfen bei der Fortbewegung und sorgen für ihre Färbung und Muster, die als Tarnung und Verteidigung gegen Fressfeinde dienen. Außer am Kopf überlappen sich die Schuppen wie Dachziegel. An Kopf, Körper und Schwanz sitzen jeweils unterschiedliche Arten von Schuppen.

Echsenschuppen bestehen aus verhornter Haut und oft liegen darunter Knochenplatten, die sogenannten Osteoderme. Diese können überlappend, spitz oder plattenartig sein.

Haut des **Tokeh**

Schuppenkriechtiere häuten sich regelmäßig, um ihre Haut zu ersetzen. So werden sie ihre alte, abgenutzte Haut los (die vielleicht ausgetrocknet oder verletzt ist) und befreien sich gleichzeitig von Parasiten wie Milben und Zecken.

Die meisten Echsen werfen ihre Haut in mehreren Teilen über einen längeren Zeitraum ab. Schlangen und einige Echsen lösen die Haut in einem langen Stück von ihrem Körper. Die alte Haut reißt am Maul auf und die Tiere winden sich hinaus; manchmal scheuern sie sich zur Unterstützung auch an rauen Oberflächen wie Felsen.

Königskobra bei der Häutung

ABBILDUNG 2: ANATOMIE

Echse und Schlange

Einige Merkmale haben alle Echsen und Schlangen gemeinsam: ein Skelett mit Wirbelsäule, zwei Beinpaaren und einem Unterkiefer, der sich nach oben und unten bewegt. Einige Mitglieder der Schuppenkriechtiere – die beinlosen Echsen und die Schlangen – haben ihre Gliedmaßen im Laufe der Zeit verloren.

Echsen bewegen beim Laufen alle vier Beine. Schlangen bewegen sich mithilfe ihrer Muskeln und Schuppen fort. Gruppen beinloser Echsen, zum Beispiel die Blindschleichen, kommen nur durch Bewegungen von einer Seite zur anderen voran, fast so, als würden sie die vier Beine noch benutzen, die sie verloren haben.

Schlangen und beinlose Echsen lassen sich noch an anderen Merkmalen als an der Fortbewegung voneinander unterscheiden – Schlangen haben weder Ohren noch Augenlider, Echsen schon.

Schlangen haben lange Körper und kurze Schwänze, beinlose Echsen dagegen haben kurze Körper und lange Schwänze. Wenn sie feststecken oder von einem Fressfeind gefasst werden, können viele Echsen ihren Schwanz abwerfen und so entkommen, weil der dann noch zappelnde Schwanz den Angreifer überrascht. Auch beinlose Echsen verfügen über diese Fähigkeit, die Autotomie genannt wird. Im Laufe der Zeit wächst der Schwanz nach, aber es kann einige Jahre dauern und ist oft nur einmal im Leben möglich.

Weißkehlwaran

Kreuzotter

1
2
3
4
5
6
7
8
9
10
11
12
13
14
15
16
17
18
19
20
21
22
23
24
25
26
27
28
29
30

TESTUDINES

LATEIN: TESTA „SCHALE“

Schildkröten in der Ordnung Testudines haben einen ungewöhnlichen zusammengewachsenen Brustkorb, der das Grundgerüst für den typischen Schutzpanzer bildet. Die Ordnung umfasst mehr als 300 lebende Arten von Land- und Wasserschildkröten, alle mit einem harten, hornigen Schnabel, der einem Vogelschnabel nicht unähnlich ist. Schildkröten legen auch Eier mit Schale, die sie häufig vergraben. Viele Arten lassen sich anhand der Hornschilde auseinanderhalten, die den äußeren Panzer bilden. Die Anordnung dieser Hornschilde ermöglicht einigen Arten eine größere Beweglichkeit oder besseren Schutz, je nach Lebensraum. Bei der Dornrand-Weichschildkröte *(Apalone spinifera)* und der Lederschildkröte *(Dermochelys coriacea)* ersetzt eine ledrige Haut die Hornschilde.

1. MADAGASSISCHE SCHIENENSCHILDKRÖTE

Die vom Aussterben bedrohte Art gehört zu den am stärksten gefährdeten Schildkrötenarten der Welt. Sie lebt in den Flüssen und Seen Madagaskars und zeichnet sich durch einen besonders großen Kopf aus.

2. DIAMANTSCHILDKRÖTE

Diese kleine Wasserschildkröte frisst vor allem Krebse, Muscheln und Meeresschnecken, gelegentlich aber auch Fische, Insekten und Aas.

3. CHINESISCHE ZACKEN-ERDSCHILDKRÖTE

Ein Haken an ihrem Oberkiefer hilft der Zacken-Erdschildkröte beim Klettern. Weitere typische Merkmale sind ihr orangebrauner Panzer und die weit auseinanderstehenden, hervorquellenden Augen.

4. GEORGIA-GOPHERSCHILDKRÖTE

Gopherschildkröten sind für ihr Geschick beim Graben bekannt. Mit ihren schaufelartigen Vorderbeinen buddeln sie bis zu 15 Meter lange und drei Meter tiefe Höhlen. Dort finden sie einen guten Unterschlupf, denn sie sind vor Sonne, Wind und Kälte geschützt.

5. MADAGASSISCHE SCHNABELBRUST-SCHILDKRÖTE

Diese Art ist vom Aussterben bedroht; vermutlich gibt es weniger als 1000 Tiere in freier Wildbahn. Schutzmaßnahmen sind schwierig, da die Weibchen erst im Alter von 10 bis 15 Jahren anfangen, sich fortzupflanzen.

6. AREOLEN-FLACHSCHILDKRÖTE

Das Tier verbringt einen großen Teil seines Lebens versteckt unter Felsen und Blättern. Es wird durchschnittlich nur elf Zentimeter lang und ist eine beliebte Beute von Vögeln, Pavianen, Hunden und anderen Fleischfressern.

7. SCHMUCK-DOSENSCHILDKRÖTE

Der Bauchpanzer dieser Schildkröte hat ein Quergelenk und kann gegen den Rückenpanzer ganz hochgeklappt werden. Wenn das Tier den Kopf einzieht, ist es wie in einer Dose geschützt.

8. GELBTUPFEN-HÖCKERSCHILDKRÖTE

Das Männchen hat gelbe Flecken auf dem größten Teil des Panzers, dazu cremefarbene und schwarze Muster. Die schwarzen Abzeichen verblassen mit der Zeit, daher kann man daran das Alter der Schildkröte abschätzen.

Amerikanische Sumpfschildkröte

9. AMERIKANISCHE SUMPFSCHILDKRÖTE

Diese Sumpfschildkröte hat einen dunkelgrünen Panzer und Körper, Kehle und Kinn sind jedoch leuchtend gelb und schon aus der Ferne zu erkennen. Sie überwintert im Wasser, wo sie sich im Schlamm eingräbt.

10. SPALTENSCHILDKRÖTE

Die Spaltenschildkröte verdankt ihren Namen dem flachen, ungewöhnlich dünnen und beweglichen Panzer. Sie ist eine flinke, bewegliche Kletterin und kann dank dieser Begabung (und ihrem flachen Körper) bei Gefahr schnell in Felsspalten schlüpfen.

11. FRANSENSCHILDKRÖTE

Diese Art wird auch Mata-Mata genannt. Sie lebt im Wasser und wird bis zu 40 Zentimeter lang. Am Schnabel trägt die Schildkröte mit dem flachen, dreieckigen Kopf ein langes „Horn“. Ihr Panzer ähnelt Rinde und welken Blättern – das dient der Tarnung.

12. LEDERSCHILDKRÖTE

Die Lederschildkröte ist mit 2,2 Metern und 700 Kilogramm Gewicht die größte aller Schildkröten. Sie lebt in tropischen und subtropischen Meeren und kann bis zu 1200 Meter tief tauchen. Nur die Weibchen kommen an Land, wenn sie ihre Eier am Sandstrand vergraben.

13. SKORPIONS-KLAPPSCHILDKRÖTE

Die Klappschildkröte gräbt sich in Dürrezeiten in Schlamm oder trockene Laubhaufen ein und fällt in einen winterschlafähnlichen Ruhezustand.

14. TROPFENSCHILDKRÖTE

Tropfenschildkröten können über 100 Jahre alt werden. Sie sind an den gelben Punkten auf ihrem Panzer gut zu erkennen. Das Geschlecht lässt sich anhand der Kinnfarbe bestimmen: Beim Männchen ist sie schwarz, beim Weibchen leuchtend orange oder gelb.

15. ZIERSCHILDKRÖTE

In Nordamerika gibt es vier Unterarten der Zierschildkröte. Die Südliche Zierschildkröte ist die kleinste Unterart und hat einen roten Streifen auf dem Panzer und einen hellbraunen Bauch.

16. ECHTE KARETTSCHILDKRÖTE

Karettschildkröten haben einen hübsch gemusterten Panzer und sind wichtig für die Erhaltung von Korallenriffen: Sie fressen Schwämme, die die Korallen ansonsten überwuchern würden.

17. STACHEL-ERDSCHILDKRÖTE

Der stachelige Rand ihres Panzers soll Fressfeinde abschrecken, zum Beispiel Schlangen. Leider nutzen sich die Stacheln mit dem Alter ab, sodass auch die Schutzwirkung nachlässt.

18. CAROLINA-DOSENSCHILDKRÖTE

Diese Art frisst fast alles – Pflanzen, Insekten und sogar überfahrene Tiere. Oft verspeist sie auch Giftpilze, die sie nicht umbringen, aber ihr Fleisch für Fressfeinde tödlich machen.

Großkopfschildkröte

19. GROSSKOPF-SCHILDKRÖTE

Der Kopf der Schildkröte ist so groß, dass sie ihn nicht in den Panzer ziehen kann. Stattdessen verteidigt sie sich mit ihren kräftigen Kiefern.

20. GEWÖHNLICHE MOSCHUSSCHILDKRÖTE

Moschusschildkröten können eine stark riechende Substanz, die nach angebranntem Essen riecht, absondern. So schrecken sie ihre Fressfeinde ab.

21. FLORIDA-ROTBAUCH-SCHMUCKSCHILDKRÖTE

Um ihre Eier zu schützen, hat diese Art einen raffinierten Plan entwickelt: Sie legt ihre Eier oft in Alligatornester. Der Alligator hält sie für seine eigenen und verteidigt sie gegen Eierdiebe.

22. DORNRAND-WEICHSCHILDKRÖTE

Im Gegensatz zu den meisten anderen Arten hat diese Schildkröte einen weichen, lederartigen Panzer. Meistens liegt sie im Schlamm von Flussbetten, wo sie sich vor ihren Feinden versteckt und auf Beute lauert.

23. CHINESISCHE DREI-STREIFEN-SCHARNIER-SCHILDKRÖTE

Ihre typischen gelben Streifen machen sie zu einer der hübschesten Schildkröten der Welt. Leider ist sie auch eine der seltensten, weil die Menschen sie jagen. Sie dient als Nahrung, Quelle für Medizin oder Haustier.

24. TABASCO-SCHILDKRÖTE

Diese Art ist durch viele Gesetze und internationale Abkommen geschützt, weil sie inzwischen durch den Menschen vom Aussterben bedroht ist.

25. GLATTRÜCKEN-SCHLANGENHALS-SCHILDKRÖTE

Mit ihrem langen Hals kommt diese Wasserschildkröte besser an ihre Beute. Bei Bedrohung kann sie eine übel riechende Substanz absondern.

26. GALÁPAGOS-RIESENSCHILDKRÖTE

Die Art lebt nur auf den Galapagosinseln vor der Küste Ecuadors und ist die größte und langlebigste aller Landschildkröten: Sie wird über 1,5 Meter lang und über 150 Jahre alt!

27. SCHNAPPSCHILDKRÖTE

Diese stattliche Schildkröte ist einer der letzten lebenden Vertreter der einst großen Familie der Schnappschildkröten. Sie lebten schon zur Zeit der Dinosaurier.

28. CHINESISCHE DREIKIELSCHILDKRÖTE

Die winzige Schildkröte passt bequem in eine Hand. Sie lebt zwar im Wasser, schwimmt aber nicht besonders gut und bevorzugt daher langsame Gewässer oder Sümpfe.

29. KÖHLERSCHILDKRÖTE

Köhlerschildkröten kommen sehr häufig vor. Sie haben erstaunliche Überlebensstrategien: Bei Kälte sind sie in der Lage, ihren Stoffwechsel so herunterzufahren, dass sie kaum fressen müssen. So können sie einen Monat lang von nur einer Banane leben.

30. INDISCHE STERNSCHILDKRÖTE

Der Panzer dieser Art mit dem prächtigen Sternmuster ist rundlicher als bei den meisten anderen Schildkröten. Das ermöglicht ihr, wieder leichter auf die Beine zu kommen, wenn sie umkippt und auf dem Rücken liegt.

ABBILDUNG 1: ANATOMIE

Schildkröten

Schildkröten werden nach der Art, wie sie ihren Kopf in den Panzer einziehen, in zwei Unterordnungen eingeteilt: in Halsberger und Halswender. Die Halsberger ziehen ihren Kopf ganz gerade und vollständig in den Panzer ein, während ihn die Halswender seitlich und nur zum Teil unter den Panzer legen.

Der Panzer der Schildkröte entwickelt sich aus den Rippen und dient als Schild. Der Rückenpanzer heißt Carapax, der Bauchpanzer Plastron. Eine Schildkröte kann nicht aus ihrem Panzer herauskriechen – seine Innenseite besteht aus rund 60 Knochen, darunter die Rippen und die Wirbelsäule.

Schildkröten haben harte, scharfe Schnäbel, mit denen sie ihre Nahrung zerkleinern und kauen. Anstelle von Zähnen ist ihr Maul voller scharfer Kanten.

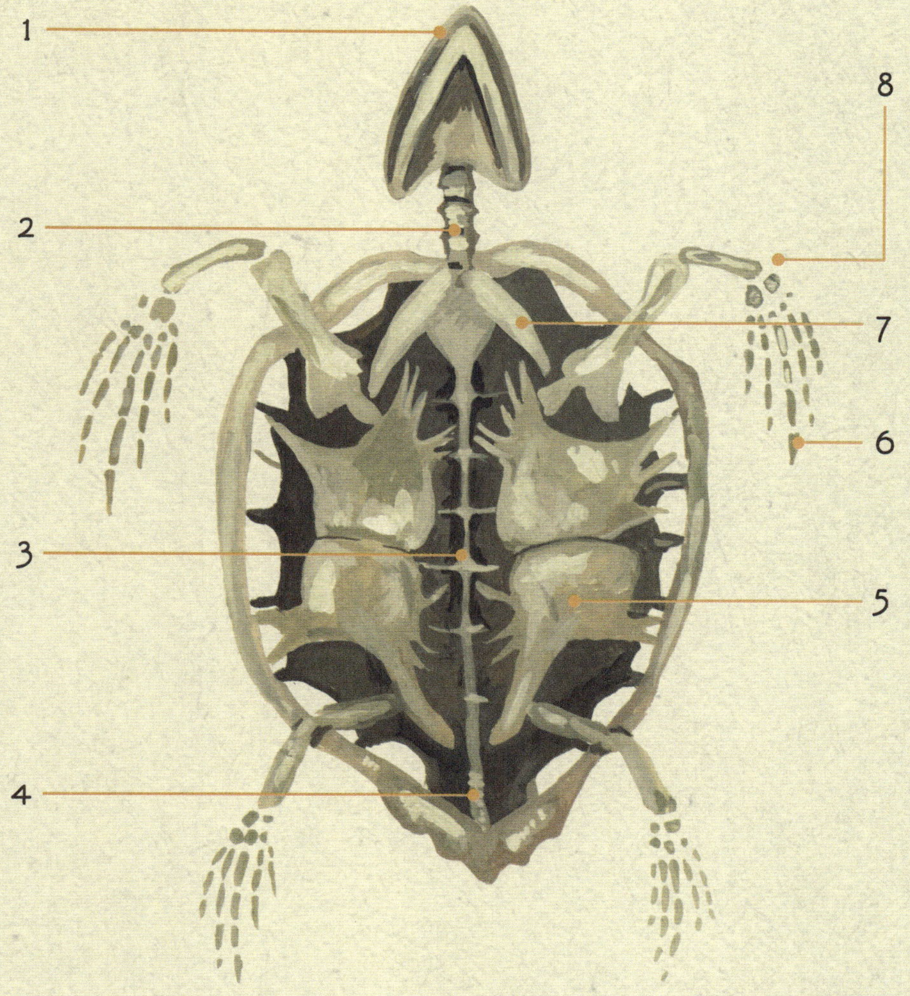

1. Unterkiefer
2. Halswirbel
3. Brustwirbel
4. Schwanzwirbel
5. Bauchpanzer (Plastron)
6. Fingerknochen
7. Schulterblatt
8. Handwurzelknochen

ABBILDUNG 2: LEBENSZYKLUS EINER MEERESSCHILDKRÖTE

Geburt, Schlupf und Rückkehr ins Wasser

Schildkröten können sehr alt werden. Selbst die kleinsten Arten erreichen 30 bis 40 Jahre, einige größere Arten werden über 100 Jahre alt. Manche Arten, zum Beispiel die Unechte Karettschildkröte, sind erst mit 30 Jahren erwachsen und können dann erst Eier legen.

Nach der Paarung im Meer kehren die Weibchen an ihren Geburtsort zurück, um ihre Eier genau an dem Strand, an dem sie selbst geschlüpft sind, abzulegen. Schließlich wissen sie schon, dass dies ein guter Ort für ihre Jungen ist. Anschließend gehen sie zurück ins Meer und paaren sich erneut – bis alle Gelege befruchtet sind. Dies kann innerhalb einiger Wochen bis zu achtmal geschehen.

Am Strand graben die Weibchen Löcher in den Sand, legen ihre Eier hinein und bedecken sie mit Sand. Wenn die jungen Schildkröten schlüpfen, arbeiten sie sich ans Tageslicht nach oben und rennen sofort zum Wasser. Kaum geboren, wird der Weg ins Meer ein Wettlauf mit dem Tod, denn allerlei Fressfeinde warten schon am Strand darauf, die Schildkrötenbabys zu schnappen – Möwen zum Beispiel. Im Wasser angekommen, müssen die kleinen Schildkröten sofort für sich selbst sorgen. Ihre ersten Lebensjahre sind eine besonders gefährliche Zeit, da es auch im Meer viele Tiere gibt, die es nur auf sie abgesehen haben.

Echte Karettschildkröte

ANURA

GRIECHISCH: AN „OHNE“ + OURA „SCHWANZ“

Die Froschlurche in der Ordnung Anura (= schwanzlose Amphibien) lassen sich in zwei Gruppen einteilen: Frösche und Kröten. Frösche haben oft eine glatte Haut und leben in Feuchtgebieten. Die Haut der Kröten dagegen ist oft trocken und warzig, die Tiere besiedeln trockenere Regionen wie Grasland und Wälder. Sowohl Frösche als auch Kröten legen schalenlose Eier, aus denen Kaulquappen schlüpfen. Die Kaulquappen machen eine Metamorphose durch und nehmen dann erst die Form der erwachsenen Tiere an. Manche Arten, wie die Geburtshelferkröte *(Alytes obstetricans)*, kümmern sich fernab vom Wasser um ihre Eier; sie wickeln sie um ihre Hinterbeine und halten sie so feucht. In der Paarungszeit werben die Männchen mit oft lauten Geräuschen wie Quaken, Zirpen und Quieken um die Weibchen.

Vibrissaphora boringii

1. *VIBRISSAPHORA BORINGII*
In der Paarungszeit wachsen dem Männchen spitze Stacheln auf der Oberlippe, mit denen es andere Männchen vertreibt. Manchmal übernimmt es danach sogar die Eiablagestelle des Vertriebenen einschließlich der schon abgelegten Eier.

2. *TERATOHYLA SPINOSA*
Anders als andere Froschlurche legt das Weibchen dieser Art seine Eier an der Unterseite von Pflanzen, die über Flüssen hängen, ab. Wenn die Kaulquappen schlüpfen, fallen sie ins Wasser.

3. GEBURTSHELFERKRÖTE
Das Weibchen legt seine Eier als schnurförmiges Gebilde ab. Das Männchen befestigt die Eischnüre an seinen Hinterbeinen und trägt sie umher, bis die Entwicklung abgeschlossen ist. Dann sucht es ein kühles Gewässer auf und setzt die Eier dort hinein. Kurz darauf schlüpfen die Kaulquappen.

4. ERDBEERFRÖSCHCHEN
Männchen und Weibchen betreiben intensive Brutpflege: Die Männchen verteidigen das Nest, das in einer Aufsitzerpflanze errichtet wird, gegen Angreifer. Außerdem bringen sie Wasser herbei und befeuchten das Gelege. Die Weibchen füttern die Kaulquappen, indem sie sogenannte Nähreier absetzen, die die Kaulquappen fressen.

5. JAPANISCHE ERDKRÖTE
Die Kröte lebt in Japan und hält wie viele Kröten während der kalten Jahreszeit Winterschlaf. Dazu gräbt sie sich tief in den Boden ein und kommt erst im Frühling wieder hervor.

6. BUNTER STUMMELFUSS
Bis vor Kurzem galt diese Art aus der Familie der Stummelfußfrösche als ausgestorben, doch dann wurde eine kleine Population in einem bergigen Schutzgebiet in Costa Rica entdeckt.

7. ROTES MARMORKRÖTCHEN
Die bunten Frösche laichen an Stellen, die nur manchmal mit Wasser gefüllt sind. Daher entwickeln sie sich sehr schnell vom Ei bis zum erwachsenen Tier, in nur vier bis acht Wochen. Man glaubt, dass sie sich so davor schützen, bei schweren Regenfällen oder Sturzfluten weggespült zu werden.

8. WALLACE-FLUGFROSCH
Flugfrösche haben Häute zwischen den langen Fingern und Zehen. Sie leben in Bäumen und hüpfen von Ast zu Ast. Bei Gefahr springen sie vom Baum und gleiten mit ausgebreiteten Fingern und Zehen in Sicherheit.

9. AGA-KRÖTE
Wegen ihrer Giftdrüsen ist die Aga-Kröte für die meisten Tiere äußerst giftig. Sie legt sehr viele Eier gleichzeitig, manchmal Tausende in einem einzigen Laichklumpen.

10. FÄRBERFROSCH
Anders als bei den meisten anderen Tieren kämpfen bei dieser Art zur Paarungszeit die Weibchen um die Männchen. Hat ein Weibchen gewonnen, legt es den Laich ab und das Männchen befruchtet ihn.

11. NASENKRÖTE
Die einzige Art der Gattung *Rhinophrynus* unterscheidet sich stark von allen anderen Amphibienarten: Sie lebt in tropischen und subtropischen Wäldern, wo sie fast ihr gesamtes Leben unter der Erde verbringt. Nur bei schweren Regenfällen und zur Paarung kommt sie an die Oberfläche.

1
2
3
4
5
6
7
8
9
10
11
12
13
14
15
16
17
18
19
20
21
22
23
24
25
26
27
28
29
30

12. TOMATENFROSCH
Bei Gefahr pumpt sich der Tomatenfrosch auf und sondert eine dicke, klebrige Substanz ab. Das soll Fressfeinde abschrecken und führt oft sogar dazu, dass ein Angreifer einen Frosch, den er schon gepackt hat, wieder fallen lässt.

13. KRALLENFROSCH
Dieser Frosch verdankt seinen Namen den drei scharfen Krallen an jedem Hinterfuß. Mit ihnen zerreißt er Beute wie Fische oder Kaulquappen und schiebt sich die Stücke dann mit den Vorderbeinen ins Maul.

14. CHINESISCHE ROTBAUCHUNKE
Wenn sie bedroht wird, dreht sich die Rotbauchunke auf den Rücken und zeigt dem möglichen Fressfeind ihren leuchtend roten Bauch. So warnt sie ihn davor, dass sie giftig und nicht genießbar ist.

15. KIESELKRÖTE
Kieselkröten haben einen ziemlich einzigartigen Verteidigungsmechanismus: Sie falten Arme und Beine unter den Körper und ziehen den Kopf ein, bis sie aussehen wie ein Kieselstein! Sind sie an einem Hang, rollen sie hinunter und entkommen so dem Angreifer.

16. GROSSE WABENKRÖTE
Die Paarung der Wabenkröten verläuft außergewöhnlich: Nach dem Laichen legt das Männchen die befruchteten Eier auf den Rücken des Weibchens, wo sie in die Haut einsinken und Taschen bilden. Nachdem die Jungen aus ihrem Rücken „geschlüpft“ sind, streift die Mutter die dicke Haut ab und fängt von vorn an.

17. SCHILDKRÖTENFROSCH
Anders als bei den meisten grabenden Fröschen und Kröten sind beim Schildkrötenfrosch die Vorderbeine besonders kräftig und muskulös. Er frisst Termiten, deren steinharte Nester er mit den Vorderbeinen aufbricht.

18. *NASIKABATRACHUS SAHYADRENSIS*
Der erst im Jahr 2003 in Indien entdeckte Frosch verbringt einen großen Teil seines Lebens schlafend unter der Erde. Nur während der Monsunzeit kommt er zur Paarung hervor.

19. ROTAUGEN-LAUBFROSCH
Den baumbewohnenden Laubfrosch erkennt man leicht an seinen roten Augen und den blauen Beininnenseiten. Er ist nicht giftig, schreckt mit seiner leuchtenden Färbung aber so manchen Fressfeind ab.

20. VIETNAMESISCHER MOOSFROSCH
Mit seiner braun-grün gefleckten Haut ähnelt der Moorfrosch einem moosbedeckten Felsen – eine tolle Tarnung!

21. STUMMELFUSSFROSCH
Der Frosch ist durch die Zerstörung seines Lebensraums vom Aussterben bedroht. Er lebt an rauschenden Flüssen und kommuniziert wegen des Lärms durch Signale: Die Männchen winken mit den Vorderbeinen, um Weibchen auf sich aufmerksam zu machen.

22. *BREVICEPS MACROPS*
Das sehr kleine, rundliche Tier hat einen ungewöhnlichen hohen Ruf, der wie ein Schrei klingt. Die nachtaktiven Frösche graben sich morgens im Sand ein und kommen erst nachts zur Insektenjagd heraus.

23. *HYPSIBOAS CALCARATUS*
Dieser Laubfrosch lebt in subtropischen Wäldern in Südamerika. Er ist leicht an seinem orange-braunen Körper mit den schwarz-weiß gestreiften Flanken zu erkennen.

24. ERDKRÖTE
Außerhalb der Paarungszeit leben Erdkröten fernab des Wassers in flachen Erdbauen. Sie ernähren sich von Insekten, Spinnen, Würmen und Nacktschnecken. Anstatt zu hüpfen, bewegen sie sich hauptsächlich gehend fort.

Erdkröte

25. DARWINFROSCH
Sobald die Kaulquappen in den Eiern zappeln, nimmt das Männchen die Eier mit der Zunge auf und schiebt sie durch sein Maul in den Kehlsack. Dort schlüpfen die Kaulquappen und entwickeln sich zu Fröschen. Sobald sie einen Zentimeter groß sind, spuckt das Männchen sie einfach aus.

26. GOLIATHFROSCH
Der Goliathfrosch ist mit 32 Zentimeter Länge der größte lebende Frosch. Er kann über drei Kilogramm wiegen und mehr als drei Meter weit springen. Die Art kommt nur in einem kleinen Verbreitungsgebiet in Westafrika vor.

27. SCHMUCKHORNFROSCH
Dieser Frosch lebt in Südamerika. Er ist ein Lauerjäger und hat ein riesiges Maul. Bewegungslos wartet er auf Beute und versucht alles zu fressen, was an ihm vorbeikommt – selbst wenn es gar nicht in sein Maul passt.

28. NORDAMERIKANISCHER OCHSENFROSCH
Ochsenfrösche zeigen ein starkes Revierverhalten; die Männchen ringen oft um Reviere und Weibchen. Der Lauerjäger frisst Vögel, Fische, Schlangen, Mäuse und Insekten – im Prinzip alles, was Platz in seinem Maul findet.

29. GOLDFRÖSCHCHEN
Der kleine Frosch wird nur 25 Millimeter lang. Seine Haut ist entweder rot, gelb oder goldorange. Die erwachsenen Tiere sind giftig. Man vermutet, dass sie die Gifte mit ihrer Beute – Ameisen und Termiten – aufnehmen. Werden sie in Gefangenschaft gehalten, verlieren sie mit der Zeit ihre Giftigkeit.

30. MARMORIERTER RIEDFROSCH
Diese Frösche zeigen sich tagsüber und nachts in unterschiedlichen Farben und Mustern. Nachts sind sie meist bunter und haben leuchtende Muster. An den Zehen besitzen die Tiere Haftpolster, mit denen sie sich an glatten Oberflächen wie Blättern und Stängeln gut festhalten können.

ABBILDUNG 1: FRÖSCHE UND KRÖTEN

Ähnlichkeiten und Unterschiede

Rund 88 Prozent aller Amphibien gehören zur Ordnung der Froschlurche. Die meisten Frösche, die in zahlreiche Familien untergliedert werden, haben eine feuchte Haut und leben oft in der Nähe von Wasser. Ihre Beine sind meist lang und ans Springen angepasst. Die Kröten bilden eine eigene Familie innerhalb der Ordnung Anura. Sie haben in der Regel eine dickere, warzigere Haut und können daher trockenere Lebensräume bewohnen als Frösche. Kröten legen ihren Laich in Schnüren ab und verfügen oft über spezielle Giftdrüsen.

Rotaugen-Laubfrosch

Aga-Kröte

ABBILDUNG 2: LEBENSZYKLUS

Vom Ei zum erwachsenen Tier

Frösche und Kröten pflanzen sich im Frühling fort. Zuerst legt das Weibchen den Laich (so nennt man die Eier) ab und das Männchen befruchtet ihn. Die Menge der Eier ist von Art zu Art verschieden. Der Laich wird entweder in Klumpen (Laichballen genannt) oder in langen Schnüren abgesetzt.

Aus den Eiern schlüpfen die Kaulquappen. Sie haben Kiemen, sodass sie unter Wasser atmen können, und einen Schwanz, der zur Fortbewegung dient. Wie schnell sie schlüpfen, unterscheidet sich je nach Art. Die Kaulquappen bleiben zunächst im Wasser, wo sie umherschwimmen, fressen und heranwachsen. Dann setzt die Metamorphose – die Umwandlung zum erwachsenen Tier – ein. Nun wachsen die Hinterbeine und die Augen sehen immer froschähnlicher aus. Bald entwickeln sich auch die Vorderbeine, während sich der Schwanz zum Körper umbildet. Ist die Metamorphose abgeschlossen, atmen die Jungfrösche oder Jungkröten Luft mit einer Lunge und haben keinen Schwanz mehr. Die meisten Arten verlassen das Gewässer und leben an Land weiter.

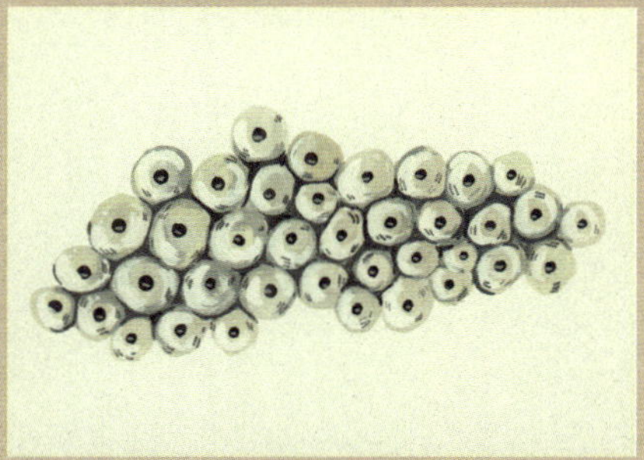

Froschlaich (Laichballen)

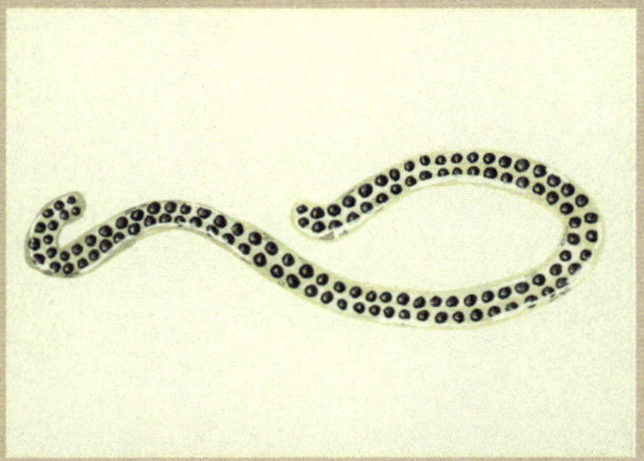

Krötenlaich (Laichschnur)

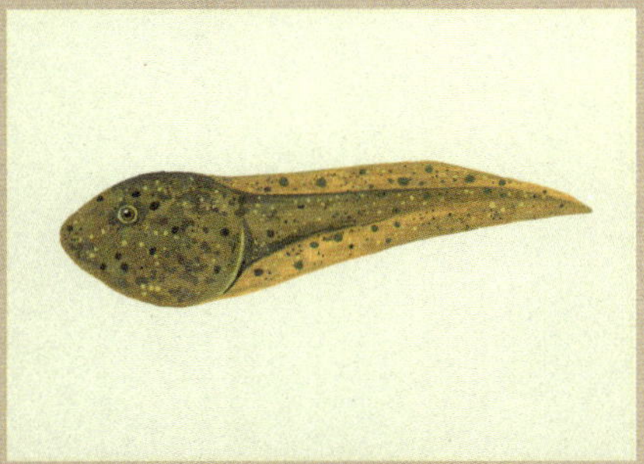

Kaulquappe

Kaulquappe mit Beinen

Nordamerikanischer Ochsenfrosch

1
2
3
4
5
6
7
8
9
10
11
12
13
14
15
16
17
18
19
20
21
22
23
24
25
26
27
28
29
30

ARANEAE

LATEIN: ARANEUS „SPINNE, SPINNENNETZ“

Die fast 47 000 Arten in der Ordnung der Webspinnen (Araneae) sind spezialisiert auf die Jagd von Insekten und anderen Wirbellosen. Schätzungen zufolge fressen sie jedes Jahr 600 Millionen Tonnen Insekten. Der Erfolg der Webspinnen liegt in ihren scharfen Sinnen, ihrer Fähigkeit, Seide zu spinnen, und den Kieferklauen, mit deren giftigem Biss sie ihre Beute lähmen. In wärmeren Klimazonen können einige Arten außerordentlich groß werden. Die Beine der Kenia-Riesenvogelspinne *(Pelinobius muticus)* können mühelos einen Essteller überspannen. Andere fallen durch leuchtende Farben auf. Die zur Gattung der Pfauenspinnen gehörende Art *Maratus volans* zählt zu den buntesten und am kunstvollsten gemusterten Wirbellosen der Welt.

1. *MARATUS VOLANS*
Diese Pfauenspinne ist etwa fünf Millimeter lang und das Männchen hat einen leuchtend bunten Hinterleib, den es beim Paarungstanz anhebt. Wenn dem Weibchen sein Tanz nicht gefällt, frisst es das Männchen manchmal.

2. ZANGENARTIGE DORNSPINNE
Die langen, gebogenen Zangen am Hinterleib der Spinne sollen wahrscheinlich Fressfeinde abschrecken oder Dornen und Stacheln nachahmen.

3. ZWERGSPINNE
Die Zwergspinnen bilden eine Unterfamilie in der Ordnung der Webspinnen. Viele Männchen aus dieser Unterfamilie tragen unterschiedlich geformte Auswüchse am Hinterleib, die sie möglicherweise für die Partnerwerbung einsetzen.

4. *MISGOLAS RAPAX*
Diese Art lebt überwiegend unter der Erde. Die Spinnen graben Erdbaue und bauen Falltüren aus Seide, Erde und Pflanzen. So lauern sie ihrer Beute auf.

5. ZITTERSPINNE
Ihr Körper ist nur zwei bis zehn Millimeter lang, doch die Beine können 50 Millimeter erreichen. Zitterspinnen sind auf jedem Kontinent außer der Antarktis zu finden. Dort können sie aufgrund der Kälte nicht überleben.

Leucauge venusta

6. *LEUCAUGE VENUSTA*
Diese Dickkieferspinne hat lange, grüne Beine und einen besonders langen Hinterleib mit silbernen, gelben und schwarzen Abzeichen. Sie ist an der gesamten Ostküste Nord- und Südamerikas zu finden.

7. DUNKLE WOLFSPINNE
Die Wolfspinne jagt am Boden, statt ein Netz zu weben. Sie stürzt sich auf jede Beute, die vorbeikommt, und tötet sie mit ihren Kieferklauen.

8. *ERIOPHORA TRANSMARINA*
Die Art gehört zur Familie der Radnetzspinnen und ist berühmt für die großen, aufwendigen Netze, die sie nachts webt. Die Spinnen können bei jeder Häutung ihre Farbe ändern, um sich der Umgebung anzupassen.

9. WESPENSPINNE
Obwohl diese Spinne nicht besonders giftig ist, dienen ihr die schwarzen und gelben Streifen als Verteidigungsstrategie: Mögliche Fressfeinde halten sie für gefährlich und bleiben ihr fern.

10. KENIA-RIESENVOGELSPINNE
Afrikas einzige Vogelspinne kann einen merkwürdigen Warnruf erzeugen, indem sie wie ein Grashüpfer die Beine aneinanderreibt.

11. *THOMISUS KITAMURAI*
Diese Meisterin der Tarnung ist in der Lage, ihre Farbe zu wechseln, um sich der Umgebung anzupassen. Sie tarnt sich so in Blüten, wartet geduldig auf Beute und stürzt sich dann auf sie.

12. *GASTERACANTHA CANCRIFORMIS*
Die Stachelspinne ist leicht an ihren bunten Abzeichen, dem krebsartigen Aussehen und den großen Stacheln an ihrem Hinterleib zu erkennen.

Gasteracantha cancriformis

Grüne Luchsspinne

13. GRÜNE LUCHSSPINNE

Statt ein Netz zu weben, tarnt sich die Grüne Luchsspinne und überfällt Insekten aus dem Hinterhalt. Sie springt auf sie wie eine Katze auf die Maus.

14. MEXIKANISCHE ROTKNIE-VOGELSPINNE

Mit ihren äußerst empfindlichen Beinen kann diese Vogelspinne schmecken, riechen und sogar Vibrationen von herankommenden Fressfeinden und Beutetieren spüren.

15. *BADUMNA INSIGNIS*

Die schwarze Spinne webt ein unordentliches Netz mit einem trichterförmigen Unterschlupf in der Mitte. Das Weibchen verlässt das Netz beinahe nie, wenn nicht Gefahr oder Nahrungsmangel sie dazu zwingt.

16. GROSSE HÖHLENSPINNE

Die Große Höhlenspinne mag kein Licht und lebt an dunklen Orten wie Höhlen und Tunneln. Die Jungspinnen werden jedoch von Licht angezogen und können sich so neue Lebensräume erobern.

17. WESTLICHE SCHWARZE WITWE

Ihr Gift ist 15-mal stärker als das der Klapperschlange – die Westliche Schwarze Witwe gilt daher als giftigste Spinne Nordamerikas. Zum Glück ist ihr Biss für den Menschen zwar schmerzhaft, aber selten tödlich.

18. SPEISPINNE

Wie der Name schon sagt, spuckt die Speispinne ein klebriges Gift – aus bis zu 20 Millimeter Entfernung – auf ihre Beute, um sie zu fangen und zu töten.

19. WASSERSPINNE

Die Wasserspinne verbringt ihr Leben unter Wasser. Sie webt Netze unter der Wasseroberfläche und füllt sie mit Luft, die sie an Härchen am Hinterleib von der Oberfläche holt. So baut sie sich eine kleine luftgefüllte Taucherglocke, in der sie sicher leben kann.

20. *ARIAMNES COLUBRINUS*

Diese Spinne hat einen langen, dünnen Körper, der einem Zweig ähnelt. Auf der Beutejagd lässt sie einige Seidenfäden unter sich fallen. Wenn eine kleine Spinne diese berührt, klettert sie hinab und greift sie an.

21. GOLDENE SEIDENSPINNE

Seidenspinnen gibt es schon sehr lange auf der Erde. So hat man in China im Juragestein ein 165 Millionen Jahre altes fossiles Exemplar entdeckt, das mit den Seidenspinnen nahe verwandt ist. Seine Beinspannweite beträgt ganze 15 Zentimeter!

22. *LATRODECTUS BISHOPI*

Diese sehr seltene Art, die mit den Schwarzen Witwen verwandt ist, besiedelt nur bestimmte Teile Floridas. Wie die anderen Vertreter der Gattung *Latrodectus* ist auch diese Art hochgiftig, kommt aber zum Glück nur äußerst selten in Kontakt mit Menschen.

23. *ARKYS LANCEARIUS*

Die Spinne mit dem seltsam dreieckig geformten Körper hängt oft an Seidenfäden von Blättern und Zweigen. Dort wartet sie auf die Vibrationen einer vorbeikommenden Fliege und ergreift diese mit ihren langen, kräftigen Vorderbeinen.

24. *MICRATHENA SAGITTATA*

Der Gattungsname *Micrathena* setzt sich zusammen aus „micro“ = „klein“ und der Göttin Athene, der Weberin. Diese leuchtend bunte Spinne webt Netze und lauert dort auf ihre Beute.

25. GOLD-WESPENSPINNE

Diese Art ist bekannt für ihre prächtigen, besonders kräftigen Netze, die mehrere schwere Insekten auf einmal halten können. Ihre alten Netze frisst die Spinne auf, um die Seide wiederzuverwerten.

Phidippus audax

26. *PHIDIPPUS AUDAX*

Die zur Familie der Springspinnen gehörende Art webt kein Netz, sondern springt mit ihren langen Beinen bis zu 50-mal so weit, wie sie lang ist. So stürzt sie sich mit einem Sprung auf ihre Beute.

27. *THERIDION GRALLATOR*

Mit ihrem fröhlichen Erscheinungsbild ist diese Spinne kaum zu übersehen! Die roten und gelben Abzeichen sehen aus, als hätte sie ein freundlich lächelndes Gesicht auf dem Rücken.

28. GERANDETE JAGDSPINNE

Die Jagdspinne kann mithilfe kurzer, wasserdichter Haare an den Beinen auf dem Wasser laufen. Sie erkennt Beutetiere an deren Wellenschlag. Dann gleitet sie über die Wasseroberfläche und packt die Beute.

29. GROSSER ASSELJÄGER

Der Große Asseljäger ernährt sich hauptsächlich von Asseln, die er zum Beispiel in feuchten Kellern findet. Seine Kieferklauen sind so groß, dass er mühelos die harte Rückenplatte der Assel umfassen und an ihrem ungeschützten Bauch den Giftbiss anbringen kann.

30. ROTE RÖHRENSPINNE

Die meisten Spinnen müssen nach dem Schlüpfen sofort für sich selbst sorgen. Die Weibchen der Röhrenspinne jedoch füttern ihre Jungen nach dem Schlüpfen eine Weile mit vorverdauter Nahrung.

ABBILDUNG 1: SPINNENNETZE

Spinnenseide und ihre Anwendungen

Die Ordnung der Webspinnen ist sehr alt und besteht aus fast 50 000 bekannten und vielen noch unbekannten Arten. Spinnen gab es vermutlich schon lange vor den Dinosauriern; heute kommen sie auf jedem Kontinent außer der Antarktis vor.

Alle Spinnen können Seide herstellen. Spinnenseide ist unglaublich stark; die Tiere nutzen sie zum Klettern, Herstellen von Eiersäcken, Einwickeln der Beute und für ihre berühmten Netze. Die Spinnen können sich sogar mithilfe ihrer Seidenfäden fortbewegen, indem sie freie Fäden spinnen, die vom Wind erfasst werden und sie forttragen.

Die Seide entsteht in sogenannten Spinnwarzen am Hinterleib. Spinnen können bis zu sieben verschiedene Arten von Seide herstellen, je nach Anwendung. Die Seide besteht aus unterschiedlichen Proteinen und wird in flüssigem Zustand in der Spinne gespeichert. Soll der Faden klebrig sein, sondert die Spinne tröpfchenweise einen Klebstoff auf die Teile des Netzes ab, in denen sie Beute fangen will.

Spinnennetze können unterschiedliche Formen haben, vom klassischen Radnetz über Trichternetze und Spiralnetze bis hin zu unordentlichen Raumnetzen in staubigen Zimmerecken. Auch die Größe kann sehr unterschiedlich sein. Das größte Netz webt *Caerostris darwini* – es hat einen Durchmesser von bis zu 25 Metern.

Nicht alle Webspinnen bauen Netze. Manche gehen aktiv auf die Jagd, andere verstecken sich und warten auf Beute und wieder andere fangen ihre Beute mit Spinnenseide. Bolaspinnen etwa geben ein Tröpfchen Seide auf das Ende eines Seidenfadens und schwingen diesen nach Nachtfaltern und Fliegen. Wird die Beute direkt getroffen, klebt sie fest. Die Spinne holt ihr Lasso ein und verspeist ihren Fang.

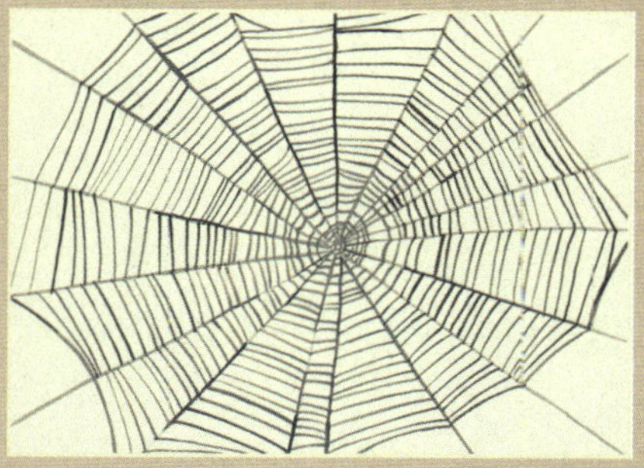

Radnetz

Eriophora transmarina

ABBILDUNG 2: SPINNENGIFT

Angriff auf Gewebe und Nervensystem

Alle Spinnen haben Kieferklauen, die perfekt gebaut sind, um ihre Beute zu durchbohren und ihr Gift zu spritzen. Die Kieferklauen sind gebogen, damit die Spinnen ihre Beute besser festhalten können, und innen hohl mit einem kleinen Loch an der Spitze. Dieser Kanal führt bis zur Giftdrüse. Wenn die Kieferklaue die Beute durchbohrt, wird das Gift aus der Drüse gedrückt.

Das Gift mancher Spinnen wirkt nekrotisch, das heißt, es tötet die Zellen und das Gewebe um die Bissstelle ab. Bei anderen Spinnenarten wirkt das Gift neurotoxisch, also direkt auf das Nervensystem. Es stört die Signale an die Nerven und führt teilweise zu Atemproblemen und Herzversagen. Die Stärke des Spinnengifts ist unterschiedlich – das Gift mancher Spinnenarten ist gefährlicher für Menschen als das anderer Arten, doch immer wirkt das Gift tödlich auf die Beute, für die es ja auch hauptsächlich gedacht ist.

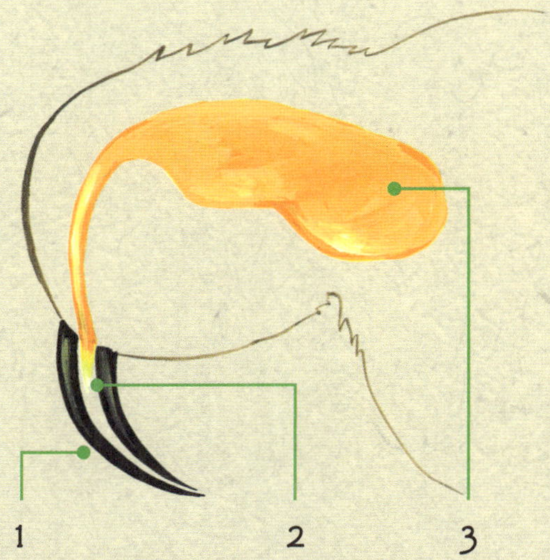

1. Kieferklaue
2. Giftkanal
3. Giftdrüse

Das Gift der **Westlichen Schwarzen Witwe** wirkt auf die Nerven.

GLOSSAR

AAS
Verwesendes Fleisch toter Tiere.

ABDOMEN
Der hintere Teil des Insektenkörpers hinter dem Thorax (ohne Beine).

ANISODACTYL
Vogelfuß mit drei nach vorn zeigenden Zehen und einer nach hinten zeigenden Zehe.

ANPASSUNG
Veränderung eines Organismus, um besser zu überleben und in seiner Umgebung zu gedeihen.

ARTENVIELFALT
Wie unterschiedlich Lebewesen in einem bestimmten Ökosystem sind.

AUSSENSKELETT
Die schützende Konstruktion an der Außenseite des Körpers bei einigen Tieren, zum Beispiel Spinnen und Insekten.

AUSGESTORBEN
Art, die keine lebenden Mitglieder mehr hat.

AUTOTOMIE
Die Fähigkeit mancher Tiere, Körperteile abzuwerfen, wenn sie in Gefahr sind; Eidechsen werfen zum Beispiel ihren Schwanz ab.

BALZ
Das werbende Verhalten von Tieren vor der eigentlichen Fortpflanzung.

BARTEN
Hornplatten im Oberkiefer von Bartenwalen, mit denen sie Nahrung aus dem Wasser herausfiltern.

BEDROHTE ART
Eine Tierart, die aus irgendeinem Grund vom Aussterben bedroht ist.

BRUTPFLEGE
Fürsorge der Eltern für ihre Jungen.

DECKFLÜGEL
Das harte, schützende Vorderflügelpaar einiger Insekten, zum Beispiel Käfer.

DIASTEMA
Lücke zwischen zwei Zähnen.

ECHOORTUNG
Das Biosonarsystem, das von Zahnwalen, Fledermäusen und einigen anderen Tieren genutzt wird, um Gegenstände und Beute in der Umgebung zu orten.

EMBRYO
Ein Tier in den ersten Entwicklungsstadien, meist noch im Ei oder in der Gebärmutter.

EVOLUTION
Die allmählichen Veränderungen in einer bestimmten Art durch verschiedene Umstände, zum Beispiel natürliche Auslese.

FACETTENAUGEN
Aus vielen Einzelaugen zusammengesetztes Auge verschiedener Insekten, zum Beispiel bei Schmetterlingen und Libellen.

GEDEIHEN
Wenn ein Lebewesen gesund wächst und sich entwickelt, vor allem wegen der Umgebung, in der es lebt.

GEFIEDER
Das gesamte Federkleid eines Vogels.

GESCHLECHTS-DIMORPHISMUS
Der Unterschied im Aussehen zwischen Männchen und Weibchen derselben Art.

GIFT
Giftige Flüssigkeit, die bestimmte Tiere (wie Schlangen und Spinnen) absondern und durch Bisse oder Stiche in den Körper ihrer Beute oder Fressfeinde spritzen.

KAUMUSKEL
Der Muskel, der den Unterkiefer öffnet und schließt.

KEHLLAPPEN
Das fleischige Anhängsel am Hals eines Vogels, zum Beispiel beim Huhn oder beim Truthuhn.

KNORPELFISCH
Fisch, dessen Skelett teilweise oder ganz aus Knorpel besteht.

LAICH
Die Eier von Fischen und Amphibien. Die Eiablage bei diesen Tieren wird auch Ablaichen genannt.

LEBENDES FOSSIL
Eine heute lebende Art, die in ähnlicher Form bereits in einem anderen Zeitabschnitt der Erdgeschichte gelebt hat.

MANDIBELN
Mundwerkzeuge der Insekten zum Beißen und Zermalmen von Nahrung.

METAMORPHOSE
Verwandlung von einer Form in eine andere im Lebenszyklus eines Tieres, zum Beispiel die Verwandlung von der Raupe in den Schmetterling.

MIMIKRY
Nachahmung einer anderen Art zu verschiedenen Zwecken.

MONOGAM
Tiere leben monogam, wenn sie sich nur einen Partner im Leben suchen, mit dem sie Nachkommen zeugen.

MORPHE
Bestimmte Form einer Art, zum Beispiel eine Arbeiterin oder Soldatin bei den Ameisen.

NACHKOMMEN
Die Kinder oder Jungen einer bestimmten Art.

ORGANISMUS
Lebewesen; ein Tier, eine Pflanze, ein Pilz oder ein Bakterium.

OSTEODERME
Knochenablagerungen, die Schuppen oder Platten in der Haut von Reptilien und Amphibien bilden.

OVIPOSITOR
Das Organ am Ende des Hinterleibs eines weiblichen Insekts, das zur Eiablage benutzt wird. Wird auch Legeröhre genannt.

PAARUNG
Wenn Männchen und Weibchen zusammenkommen, um Nachkommen zu zeugen.

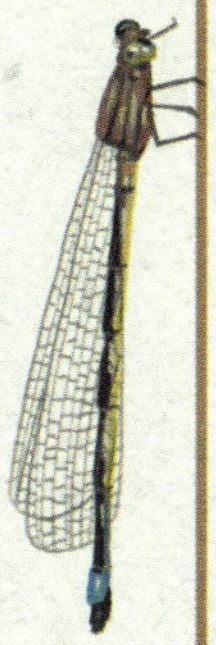

PANZER
Schild oder Schale (manchmal aus Knochen, manchmal aus Chitin) über einen Teil des Rückens oder den ganzen Rücken eines Tieres.

PARASIT
Organismus, der in oder auf einer anderen Art von den Nährstoffen in deren Körper lebt. Die andere Art heißt Wirt.

PARASITOID
Ein Parasit, der seinen Wirt zum Schluss tötet.

PHEROMONE
Duftstoffe, die Informationen zwischen Mitgliedern einer Art übermitteln.

PLASTRON
Die Unterseite eines Schildkrötenpanzers (Bauchpanzer).

POPULATION
Alle Tiere oder Pflanzen einer Art, die zur selben Zeit am selben Ort leben.

PUPPE
Hülle, in der ein Schmetterling sich während der Metamorphose einschließt; aus der Puppe schlüpft der ausgewachsene Schmetterling.

REVIERVERHALTEN
Verhalten, mit dem ein Tier sein Revier gegen Artgenossen verteidigt.

RUDIMENTÄR
Rückgebildet und funktionslos, aber noch vorhanden, zum Beispiel Hinterbeine beim Wal oder Augen beim Maulwurf.

SCHILLERND
Schimmernd in allen Farben des Regenbogens und je nach Lichteinfall in einer anderen Farbe erscheinend.

SEKRET
Eine Substanz, die ein Tier absondert.

SKLERALRING
Knochenringe in den Augen mehrerer Gruppen von Wirbeltieren (außer Säugetieren und einigen Reptilien). Sie stützen die Augen, vor allem bei Tieren mit nicht kugelförmigen Augen.

SOLITÄR
Als Einzelgänger und nicht in Gruppen lebend.

TARNUNG
Wie ein Tier sich als Verteidigung gegen Fressfeinde „verkleidet“, um optisch mit der Umwelt zu verschmelzen.

TAXONOMIE
Zweig der Wissenschaft, der Lebewesen in ein System einordnet.

THORAX
Vorderer Teil des Insektenkörpers zwischen Kopf und Abdomen (ohne Beine und Flügel).

TYMPANALORGAN
Sinnesorgan vieler Insekten, das Schall aufnimmt wie ein Ohr.

VEGETATION
Pflanzenbestand in einem bestimmten Gebiet.

WANDERUNG
Jährliche Bewegung von Tieren (wie Schmetterlingen oder Vögeln) von einem Ort zu einem anderen; meist, um den Winter in wärmeren Gebieten zu verbringen oder um bestimmte Gebiete zur Paarung aufzusuchen.

WIRBELLOSE
Lebewesen ohne Wirbelsäule.

WIRBELTIER
Lebewesen mit einer Wirbelsäule.

MITWIRKENDE

ILLUSTRATIONEN: KELSEY OSEID

TEXTE: JULES HOWARD UND FAY EVANS

Grafik: Emma Vince
Redaktion: Fay Evans
Herausgeberin: Donna Gregory

Weldon Owen dankt Jules Howard, Kelsey Oseid, Susie Rae und Hazel Eriksson für ihre engagierte Arbeit und die Hilfe bei diesem Buch.

Kelsey Oseid ist Illustratorin, Autorin und Hobby-Naturforscherin. Ihre Gouache-Illustrationen fertigt sie vor allem in naturgeschichtlichen Bereichen wie Taxonomie, Artenvielfalt und Tierpräparation an sowie bei verwandten Themen wie Astronomie und der Beziehung von Menschen zur Natur.

Jules Howard ist Zoologe, Sachbuchautor und internationaler Botschafter der Wissenschaft. Er schreibt regelmäßig für *The Guardian* und die BBC und arbeitet für eine Reihe von Sachbuchverlagen als Berater für zoologische Themen, darunter für Weldon Owen und Bloomsbury.

Von links: Indianergoldhähnchen, Gelbbauch-Dickkopf, Bergdrongoschnäpper, Einsiedlerdrossel, Schwarzkopfmeise.